Feste und Feiern im Jahreskreis

Ursula Müller-Hiestand

FESTE UND FEIERN IM JAHRESKREIS

Mit Kindern werken, gestalten und erleben

AT Verlag

Inhalt

Einleitung

Bräuche und Sitten

Unser Leben ist von alltäglichen und festlichen Bräuchen durchdrungen. Das Brauchtum jeder Volksgruppe ist ein Spiegel ihrer geistigen Haltung, ihrer Werte und der zentralen Ereignisse in ihrem Zusammenleben.

Sitten und Bräuche verpflichten. Schon die Nichtbeachtung der einfachsten und alltäglichsten Umgangsformen – denken wir nur an ortsübliche Grusssitten oder in der Arbeitswelt herrschende Gepflogenheiten – werden als Verletzung der geltenden Normen empfunden.

Viele Menschen nehmen heute bewusst oder unbewusst Abstand von Sitte und Brauch. Sich in ein von Bräuchen geprägtes Leben einzuordnen, macht vielen Mühe und widerspricht den eigenen Bedürfnissen und dem Anspruch auf eine individuelle Lebensgestaltung. Konflikte zeigen sich dort am deutlichsten, wo der Gemeinschaftsanspruch in persönliche Bereiche eingreift. Der seine Individualität lebende Grossstadtmensch unterzieht sich gesellschaftlichen Regeln und Bräuchen nur noch, weil es Tradition ist und es die Gesellschaft von ihm erwartet: Taufe, Hochzeit, Begräbnisrituale, das Weihnachtsfest werden so zu rein formalen Handlungen.

Brauch: Form und Inhalt

Die Form gibt dem Brauch das Gepräge. Seinen Kern bildete ursprünglich eine bestimmte Gesinnung, ein ethischer Inhalt oder ein lebendiger Glaube. Durch Zeichen, Symbole oder gestalthafte Formen fanden diese ihren volkstümlichen Ausdruck und verfestigten sich in Sitten, Bräuchen und Kult.

Heute erschöpft sich die Pflege des Brauchtums zumeist in der Bewahrung der althergebrachten äusseren Formen: Form und Inhalt klaffen auseinander. Die offensichtliche Sinnentleerung manifestiert sich alljährlich überdeutlich am Beispiel des Weihnachtsfestes: Allein der Tradition gehorchend, feiern Millionen Menschen Weihnachten, losgelöst von seinem eigentlichen Inhalt und Sinn. Unsere Vorfahren erlebten das grosse Fest im tiefsten Glauben an die ersehnte Erlösung.

Den ursprünglichen Inhalten der verschiedenen Jahresfeste wieder näherzukommen täte gut. Wir müssten uns über die Wurzeln vieler Traditionen Gedanken machen, sie neu hinterfragen, aus Ehrlichkeit uns selbst und unseren Kindern gegenüber. Vielleicht muss Altes, Verstaubtes aufgegeben werden, vielleicht kann es, neu entdeckt, frische Impulse in unser heutiges Leben bringen...

Feste als Zäsuren im Jahreslauf

Feste und Bräuche gliedern das Jahr. Sie bilden aus dem gleichförmigen Fluss der Zeit herausragende markante Punkte und weisen immer wieder über sich selbst hinaus auf übergeordnete Ereignisse hin. Sie helfen orientieren, geben den Dingen eine Ordnung und sprechen die Seele an.

Dieses Buch möchte anregen, möchte Querverbindungen von alten zu neuen Bräuchen aufzeigen; es geht den Fragen nach, weshalb wir an Ostern Eier färben und an Weihnachten einen grünen Tannenbaum ins Wohnzimmer stellen, um nur die zwei wichtigsten Feste zu erwähnen. So wird Verständnis für Hintergründe und Zusammenhänge geschaffen. Anregungen und Hinweise zur Neubelebung von Festen, bei denen auch die Kinder mit einbezogen sind, führen zu lebendigem, sinnerfülltem Handeln.

FRÜHLING

Um den 21. März, die Tagundnachtgleiche,
tritt die Sonne in das Sternbild des Widders.
Am 21. März beginnt der Frühling!
    In vorchristlichen Zeiten bestand der
Glaube, dass zu diesem Zeitpunkt die Welt
erschaffen worden sei. Romulus beginnt sein
römisches Jahr mit dem Monat März. Er
benennt den ersten Monat des von ihm
aufgezeichneten Kalenders nach dem römischen Kriegsgott Mars.

Wiederbelebte Frühlingsblumenbräuche

Schneeglöckchen im Topf

Schneeglöckchen gedeihen nicht nur im Garten!

Ein paar Tontöpfe wurden von fleissigen kleinen Händen im Spätherbst saubergefegt. Über die Wasserlöcher im Boden der Gefässe legten die Kinder Tonscherben. Dann wurden die Töpfe mit der gekauften lockeren Blumenerde gefüllt. Mit zwei Fingern gruben wir kleine Erdbettchen für die Steckzwiebel- winzlinge. Eine etwa drei Finger breite Erdschicht, leicht angeklopft, bildete die erste Decke, schützendes Tannenreisig musste zusätzlich den kalten Winter abhalten, und dann begann der Winterschlaf.

An den ersten warmen Februartagen mussten wir neugierig unter das Reisig gucken – erste zarte Blattspitzchen wagten sich bereits aus der Erde! An wärmeren

Sonnentagen erhielten die Blättchen etwas
Wasser. Über Nacht lag aber immer noch das
schützende Tannenreisig auf den Töpfen.
Bald kam der Tag, an dem die zarten weissen
Glöcklein einen Blütenbusch bildeten – es
war soweit, sie läuteten das Fest ein …

Das Schneeglöckchenfest

Was träumt verborgen unterm Schnee,
dass ich's nicht seh?
Ein
klein
fein
Blümelein!
Hat sein Köpfchen
noch fein gesenkt,
das Blütentröpfchen
niedergehängt,
dass es der Schnee nicht drücken kann,
fängt aber doch bald zu blühen an!
Hat ein schmuck zierlich Röckchen –
?
Schneeglöckchen!

Ist das ein Fest! Das erste Blümlein aus der
freien Natur besiegt die Wintermonate, die
Hoffnungen auf ein wiederkehrendes
Spriessen haben sich erfüllt. Zur Essenszeit
wird der Glöckchentopf auf den Tisch
getragen.

Frühling

Das Kranzbinden

Frühlingshafte erste laue Lüfte, schmeichelnde Sonnenstrahlen, die Frühlingsboten, Schneeglöckchen, Primeln, Kuckucksblumen, Veilchen, locken uns aus dem Haus. Wo stecken sie, die ersten Blumen? Auf einem Spaziergang mit Kindern durch den Wald, durch Feld und Flur, begleitet von munterem Vogelgezwitscher, gehen wir sie entdecken. In Büscheln, oft dicht aneinandergeschmiegt, gucken die gelben Gesichtchen der Schlüsselblumen keck aus dem Wintergras und von gepolsterten Moosplätzchen. Nur langstielige Blumen pflücken! Und auch diese bald danach auf dem Küchentisch auslegen, ordnen und vorübergehend ins Wasser stellen.

Stiel neben Stiel werden die zarten Blumen auf einen vorbereiteten Haselzweigring gelegt. Mit einer Gartenschnur werden sie darauf festgebunden. Neue Blumen werden schuppenartig auf die Stiele der vorangehenden gelegt und erneut gebunden.

Dem gelben Frühlingskranz räumte man früher einen besonderen Platz an der Wand nahe beim Esstisch ein. Man liess ihn dort das ganze Jahr hängen, zur Erinnerung daran, dass wieder ein Frühling kommt – und wieder ein neuer Kranz gebunden werden kann.

Übrigens: Ineinander verschlungene Kranzgebinde gelten als Ewigkeitszeichen.

Frühling

Die ersten Veilchen

Das waren die guten alten Zeiten! Wer dem ersten Veilchen begegnete, wurde zum Frühlingsherold erkoren, mit Fanfarenklängen durfte der Finder einen Ehrentrunk entgegennehmen. Andernorts, wird berichtet, habe man die ersten Veilchen an langen Stangen befestigt. Durch die Dorfstrasse trug das Jungvolk die duftenden Blumen, sie ständig umtanzend. Das Blumenorakel galt als sicher: Das erste gefundene Veilchen brachte Glück wie heute der Kaminfeger; ein langgehegter Wunsch musste endlich in Erfüllung gehen. Im Mittelalter durften nur sittsame Mädchen (!) das wohlriechende Blümlein pflücken, und bereits im 12. Jahrhundert soll in den Donau-Auen das Veilchen gefeiert worden sein. Gelangte die Kunde vom Fund des ersten Veilchens an den fürstlichen Hof, zog der ganze Hofstaat hinaus, den Frühlingsboten gebührend zu begrüssen.

Wo wachsen sie heute noch, die duftenden Frühlingsbringer?

Im Wald an verschwiegenen Orten, an geschützten sonnigen Wiesenplätzchen oder an verlassenen Wiesenborden sind die dunkelvioletten Schönheiten zu finden.

Für einige gepflückte Veilchen kann ein liebevoll hergerichteter Platz zu Hause vorbereitet werden. Ein Suppenteller wird mit Moos und frühlingsgrünen Blättern ausgelegt. In diesem immer feucht gehaltenen Gärtchen können die Veilchen ihren einzigartigen Duft im Raum verströmen.

Die Karwoche

Mit dem **Palmsonntag** beginnt die Karwoche, auch die heilige oder stille Woche genannt. Das Matthäus-Evangelium berichtet von einem jubelnden Volk, das den Einzug Christi in Jerusalem feierte. Kleider wurden auf der Strasse ausgebreitet und grünes Laub darauf gestreut. Es waren Palm- oder Ölzweige, beides alte Symbole: die ersten galten als Zeichen des Sieges über den Tod, die zweiten waren ein Zeichen für den Frieden.

Je nach Landschaft und Gegend sind es heute Weidenkätzchen, Stechpalmenzweige, Buchsbaumästchen oder Haselzweige, jeweils drei Zweige der gleichen Art, die zum Büschel gebunden werden. Die einfachen Sträusschen werden zur Kirche getragen und nach ihrer Weihe zu Hause ans Kruzifix, zur Weihwasserschale oder an ein Heiligenbild gesteckt, im frommen Glauben an ihre Schutzwirkung. Sie sollen das Haus vor Feuer und Blitz bewahren oder vor Krankheiten schützen. In die frisch gepflügten Äcker gesteckt, sollen die Zweige auch segensreich auf die Erde wirken.

Ostergras säen

Eine österliche Vorbereitung ist das Aussäen des Ostergrases um den Palmsonntag. Kinder sind mit Wonne mit dabei! Nach sechs bis acht Tagen spriesst eine frische, zartgrüne Grassaat.

Grassamen, Körner von Sommerweizen, auch Hafer oder Kresse eignen sich zum Säen. Vorgekeimtes Saatgut wächst besser. Es ist ratsam, die Körner in einem mit warmem Wasser gefüllten Gefäss etwa zwei Tage lang liegen zu lassen, bis sie aufspringen.

Die bereitgestellte Schale zuerst mit etwas Sand und dann mit genügend frischer, feuchter Blumenerde auffüllen. Die vorge-keimten Samen dicht darauf säen und mit nur wenig Erde bedecken. Wenn die Schale hell, warm und feucht gehalten wird, spriessen schon bald sichtbar die Keimlinge aus der dunklen Erde ...

Frühling

Gründonnerstag

Die frühlingsgrüne Farbe der frischen Kräuter machte den Donnerstag vor Karfreitag zum Gründonnerstag. Weshalb man den Tag so benennt, ist nicht auszumachen. Das Essen spielte wohl dabei eine entscheidende Rolle. In Bern buk man Krautkuchen, im Elsass Brennesselküchlein, in Böhmen Spinatkrapfen, im Schwarzwald Omeletten mit grünem Schnittlauch.

Am weitesten verbreitet war aber die **Suppe aus siebenerlei Grün.** Sie bestand aus sieben Kräutern oder Gemüsen: Lauch, Spinat, Schnittlauch, Petersilie, Löwenzahn, Lattich, Sauerampfer oder Bärlauch.

Das Grün wird fein geschnitten, in Butter und Knoblauch gedünstet und anschliessend mit etwas Mehl überstäubt und mit Bouillon abgelöscht. Die Suppe soll leise köchelnd ziehen.

Dass die dunklere Jahreszeit nun endgültig vorüber ist, zeigt auch ein Lichtbrauch, der am Gründonnerstag an verschiedenen Orten in der Schweiz begangen wird: Dem nahen Fluss werden Lichter aufgesetzt. Das Wasser trägt sie fort – man braucht das Kunstlicht nicht mehr, das natürliche Licht übernimmt wieder das Zepter.

Karfreitag

Der Fisch ist auch heute noch am Karfreitag die traditionelle Speise. Am Todestag Christi wird kein Fleisch gegessen, und bei vielen Christen ist jeder Freitag in den folgenden Wochen des Jahres ein wenig Karfreitag.

Früher ass man den Fisch frisch aus dem See, dem Fluss oder Teich. Bekannt war auch der Kabeljau, der an der Luft getrocknet als Stockfisch eine Spezialität war. Auch gesalzener Kabeljau wurde aufgetragen. Der Fisch, bekömmlich und gesund, hat unter den Grundnahrungsmitteln eine spezielle Geschichte mit viel Hintergrund. Man denke an die Bergpredigt im Neuen Testament, wo Jesus zwei Fische und fünf Brote unter Tausende von Menschen verteilte. Der Fisch, ein uraltes Sinnbild des Wassers und damit ein Symbol für Leben und Fruchtbarkeit, wird in der Bibel immer wieder gleichnishaft verwendet und war schon früh unter den Christen ein sehr verbreitetes Bild.

Fisch, in der Tonform im eigenen Saft gegart

Die Tonform mit Butterflocken auslegen und dann die filetierten, gewürzten Fische lagenweise mit Zitronenscheiben, Nelkenköpfchen, Petersilie, Schnittlauch, Lorbeer und gehacktem Knoblauch einschichten. Mit Butterflocken bestreuen. Ein Glas Weisswein und ein Glas Vollrahm darübergiessen und im Ofen bei guter Hitze 15–20 Minuten garen.

Frühling

Das Osterfest

Das älteste Fest im Jahreslauf ist Ostern.

Bereits im 4. Jahrhundert wird es von den Christen gefeiert: Es ist der auf den Karfreitag folgende Sonntag, an dem die Frauen das leere Grab entdeckten. Der Sieg Christi über den Tod ist nun gewiss. Aus diesem Grund nannte man den Sonntag auch den Tag des Herrn. Denn jeder Sonntag wird – in Gedenken und Rückbesinnung – ein wenig zum Ostertag und jeder Freitag ein wenig zum Karfreitag, nur haben wir das vergessen.

Ob Ostern vom Namen der Göttin Ostara, der Göttin des aufsteigenden Lichtes, abgeleitet wird oder vom althochdeutschen Wort ôstrâ, das die Zeit der wieder genau im Osten aufgehenden Sonne meint, ist ungewiss. Wie dem auch sei, das Osterfest wird immer am Sonntag nach dem ersten Vollmond nach Frühlingsanfang gefeiert. Es geht nicht ohne Blick zum Himmelszelt!

Das Ei als Symbol

Das Ei, Fruchtbarkeitssymbol und Sinnbild des Lebens, gab man im alten Ägypten mit Salz und Mehl den Verstorbenen mit ins Grab. Im christlichen Glauben symbolisiert das Ei die Auferstehung. Die aufgebrochene Schale wird zum Sinnbild des aufgebrochenen Grabes. Nachdem Christus den Tod überwunden hat, ist er zum ewigen Leben auferstanden. Im Volksbrauch deutet das Ei als Fruchtbarkeitssymbol auf die Wiederkehr des Lebens in der Natur hin. Eier schmückten den Erntekranz und an Weihnachten den immergrünen Tannenbaum.

Das Ei und Ostern

Im frühen Mittelalter war Gründonnerstag der Abgabetermin der Naturalsteuern. Eier waren ein wesentlicher Bestandteil des Grund- und Bodenzinses. Das letzte Ei der Jahressteuer, das dem kirchlichen oder weltlichen Grundherrn abgeliefert wurde, nannte man deshalb auch «Antlass-Ei». Mit diesem ursprünglich immer rot gefärbten Ei war dann die Schuld beglichen. Man kann sich den riesigen Eierberg vorstellen! Wohl aus dieser Tradition und sicher auch wegen der guten Legezeit der Hühner, die ja in die Zeitspanne des Fastens fiel, in der auch Eierspeisen streng verboten waren, entwickelte sich möglicherweise der spätere Brauch des Eierverschenkens: Es kam zum Geschenkei. In immer reicherer Art und Weise wurden Eier bemalt und verziert. Es gab eine Zeit, in der die Kinder bei ihren Paten das für sie geschmückte Ei abholen durften, und im geheimen tauschten Verliebte ihre mit vieldeutigen Sprüchen beschrifteten Eier aus.

Das gefärbte Ei

In Griechenland heisst der Gründonnerstag noch heute «roter Donnerstag»: es ist der Eierfärbetag, und nur das **rote Ei** gilt als echtes Osterei. In Ungarn weiss jedes Kind, «Kokonya» bedeutet Osterei, was nichts anderes als rotes Ei heisst. Ein altes rumänisches Sprichwort sagt: «Wenn die Christen keine roten Eier mehr malen, naht das Ende der Welt.» So darf auch heute noch an Ostern das rote Ei nicht fehlen.

Die rote Farbe ist das Symbol für die Liebe, sie steht für das Blut, den Sieg und die Königswürde. Das von den Persern im Frühling gefeierte Neujahrsfest heisst das «Fest des roten Eis». Schon im alten China schenkte man sich zum Frühlingsanfang gefärbte Eier. Bei Worms, in Deutschland, fanden Archäologen in einem Steinsarg eines römischgermanischen Grabes mit Blumen verzierte bemalte Gänseeier. Sie stammten aus dem 4. Jahrhundert n. Chr. Das gefärbte Ei hat also eine lange Vergangenheit.

In der Ostkirche hat die Tradition, für das Osterfest Eier kunstvoll zu verzieren, ihren festen Platz. Es gibt regional typische Verzierungsformen. In Russland werden die gekochten Eier in flüssiges Bienenwachs getaucht, um anschliessend aus der eingetrockneten Wachsschicht Muster zu kratzen. Zuletzt legt man die Eier in die Farbe. Oder es werden mit flüssigem Wachs und feinem Pinsel Zeichen aufgemalt und die Eier danach gefärbt. Bei beiden Techniken können mit mehreren Farbbädern wunderschöne Farbabstufungen erzielt werden. Wichtig ist, dass mit der hellsten Farbe begonnen wird.

In Österreich werden mit Zitronensäure und spitzer Schreibfeder aus den einfarbig eingefärbten Eiern Worte, Motive und Zeichnungen ausgeätzt. Eine moderne Variante dieser Technik: Mit einem in Zitronensaft getauchten Holzstäbchen werden aus naturgefärbten Eiern zarte Dekorationen herausgeätzt (im Bild unten rechts). Bekannter ist bei uns das Färben mit Naturfarben: Aus Zwiebelschalen, Schwarztee, Kaffee oder Nussbaumblättern gibt es braune Eier, gelbe aus Zitronenholz, Safran oder Kümmel, rote aus Rotholz, Cochenille oder roter Bete (Randen), grüne aus Efeu- oder Brennesselblättern, blaue aus Blauholz...

Die geschichtete Färbetechnik (im Bild links) ist einfach und subtil in der Wirkung. Die Schalen sind nur mit wenig Farbe gefüllt. Wie beim Aquarellieren wird mit den zartesten Farben begonnen. Das Ei liegt etwa 10 Minuten lang in einer Farbe, bevor es, abgespült und getrocknet, in die nächste Schale kommt.

Eier lassen sich mit dem Pinsel, mit Buntstiften, Klebeband und vielem anderen mehr in nahezu unbegrenzten Möglichkeiten verzieren.

Bei dieser Vielfalt ist es kaum vorstellbar, dass man noch anfangs der vierziger Jahre im Wallis, in der Innerschweiz, in Graubünden und im Tessin so gut wie gar nichts von bunten Eiern wusste.

Frühling

Eiermotive und Eierreime

Bilder mit religiösen Inhalten, wie Engel, das Christkind, die Abendmahlsszene, das Lamm Gottes oder die Friedenstaube, die Mutter Gottes mit dem Jesuskind, das Auferstehungsbild und das Kruzifix, gehören zu den ältesten Darstellungen. Einfache, ornamentale, oft übers Kreuz angeordnete mäanderähnliche Muster folgten, und später kamen naturalistische Motive aus der Natur auf.

Beliebt waren auch **Vers-Spruchbänder,** die fein säuberlich aus einem am Ei angebrachten Schlitz herausgezogen werden konnten. Einige Kostproben vermitteln etwas vom damaligen Zeitgeist:

«Wie der Vogel aus dem Nest gekrochen,
Hat Jesus das Grab zerbrochen.»
«In Liebe hab ich Dein gedacht
Und Dir dies Ei gebracht.»
«Ich schenke Dir ein Ei
Aus lauter Lieb und Treu.»

Die Eierbringer

Nicht überall ist es der Osterhase, der an Ostern die gefärbten Eier bringt. In der Innerschweiz ist es der Kuckuck, im Berner Jura sind es die aus Rom heimkehrenden Glocken. In Deutschland gibt es noch andere Eierbringer, zum Beispiel den roten und grünen Hasen, den Fuchs, den Hahn und die Henne, den Kranich, den Storch und die Himmelshenne. Erst in den letzten Jahrzehnten hat sich der Osterhase als Eierbringer vom Norden her nach Süden durchgesetzt.

Wegen seiner Fruchtbarkeit ist der Hase schon seit Urzeiten ein Symbol des Lebens – Sinnbild für die im Frühling neu aufkeimende Natur und, im religiösen Sinn, für die Auferstehung, den Sieg über den Tod. Er wurde dazu auserwählt, den Menschen den Lebenskeim zu schenken.

Frühling

Süddeutschland und vom Genfersee bis ins
St. Galler Rheintal mögen diese Wettläufe
sich vom Kult, der Brauchhandlung, zum Spiel
und schliesslich bis zum Sport entwickelt
haben. Weissgekleidete Wettläufer, die
Vertreter eines Dorfes, müssen an einen
entfernten Ort und wieder zurücklaufen,
-fahren oder -reiten. Der Gegenspieler aus
dem Nachbardorf ist ebenso unterwegs.
200 bis 300 rohe Eier liegen in einer langen
Reihe auf dem Erdboden. Die Spieler müssen
sie einzeln auflesen und unbeschädigt in eine
Wanne bringen. Wer verliert, zahlt einen
Trunk. An einzelnen Orten treten Masken-
gestalten auf, der Hühnermann, der wilde
Jäger, der Stechpälmler. Sie wollen den
Wettläufer mit allerhand Unsinn aufhalten.

Das **Eiersuchen** an versteckten Orten
freut besonders die Kinder. Der Grund im
Verstecken und Aufsuchen könnte so
gedeutet werden: Die kostbar verzierten
Eier sind mit jenen Dingen vergleichbar, die,
mit Sorgfalt gehütet, Glück bringen. Und
dieses liegt bekanntlich an verborgenen
Orten.

Osterspiele

Eiertütschen heisst bei uns das bekannte Spiel
mit den hartgekochten Ostereiern. An
andern Orten nennt man es **Eierticken, Eier-
kippen, Eierschlagen.** In der Schweiz, in
Holland, Deutschland wie in England wird es
mehr oder weniger gleich gespielt: Mit den
spitzen oder stumpfen Eienden stossen die
beiden Spieler gegeneinander. «Spitz auf
Spitz und Gupf auf Gupf!» Verlierer ist der,
dessen Ei in Brüche geht – er muss es seinem
Tütschpartner schenken, und dieser darf es
dann auch essen.

Die **Eierläufe** sind heute vielleicht
noch in ländlichen Gegenden bekannt. In

Der Osterbaum

Vermutlich handelt es sich beim Osterbaum
um einen Brauch aus den dreissiger Jahren.

In der Offenbarung Johannes', Kapitel
22, Vers 2, steht folgendes: «Inmitten ihrer
Strasse und auf beiden Seiten des Stromes
stand der Baum des Lebens. Er trägt zwölf
Früchte, jeden Monat bringt er seine Frucht.»

Der Osterbaum stellt den Lebensbaum
in einfacher, aber eindrücklicher Weise dar,
der immergrüne Baum wird zum Symbol des
fortbestehenden Lebens.

So wird der Osterbaum gemacht:

Das **Grundgerüst** ist aus Rundholzstäben,
die Mittelachse, der Baumstamm, darf
etwas dicker sein als die Äste. Er ist etwa
70 cm lang. Die drei dünneren Quer-
stäbe, die Äste, werden auf 40 cm, 30 cm
und 20 cm zugesägt. An den Kreuzungs-
punkten kann man am Stamm ebenso wie
an den Ästen wenig Holz auskerben. Mit
Blumendraht werden sie miteinander
verbunden.

Das so entstandene dreifache Kreuz wird nun dicht mit Buchsbaumästchen und Gartenbast umwunden.

Der Baum findet seinen festen Platz in einem mit Erde gefüllten Tontopf. Eingepflanzte Primeln oder ausgesätes Gras schmücken den Osterbaum frühlingshaft. Zwölf ausgeblasene und verzierte Eier stellen die zwölf Monate dar.

Die rohen Eier werden zuerst in verschiedenen ausgekühlten Farbbädern zart eingefärbt.

Für das **Ausblasen** der fragilen Eier braucht es Feingefühl und eine ruhige Hand. Am oberen und unteren Ende des Eis mit einer Stecknadel je ein kleines Loch stechen. Das Löchlein an der Eispitze mit einer Stricknadel vorsichtig ausweiten. Die grössere Öffnung über eine Tasse halten und so lange durch das kleinere Loch blasen, bis der ganze Ei-inhalt ausgeflossen ist. Die leere Eierschale unter fliessendem Wasser

ausspülen. Dabei das kleine Loch mit einem Finger verschliessen. Wenn genügend Wasser im Ei ist, mit einem anderen Finger das zweite Loch zuhalten und gut schütteln. Dann das Wasser ausblasen. Diesen Vorgang wiederholen, bis das Ei ganz sauber ist.

Zum vollständigen Trocknen die ausgeblasenen, gereinigten Eier für ein paar Tage auf mehrere Lagen Haushaltspapier stellen.

Auf einer gepolsterten Unterlage können die Eier zusätzlich mit Motiven oder Sprüchen bemalt werden. Wer geschickt ist, kann darauf auch die zwölf Sternzeichen malen.

Als **Aufhängevorrichtung** braucht es pro Ei ein kleines Stück Gartendraht und starken Faden (Leinenzwirn). Diesen in der Mitte des Drahtstücks festbinden. Durch das grössere Loch den Draht in das Eiinnere schieben. Am Fadenende ziehen, bis sich das Drahtstück quer stellt und im Ei verkeilt.

Frühling

Osterbrote – Gebildsbrote

Karsamstag war Backtag. Von Hand wurden
Brote geformt, gebildet. Für einmal blieben
Ausstechformen, Model und Backformen
im Küchenschrank. Es gab süsse oder salzige
Osterbrote in grossen und kleinen Formen.
In der Vielfalt der Gebildsbrote tauchte
immer wieder das Symbol der Sonne auf:
der Sonnenkreis, der Sonnenbogen, das
Sonnenrad, der Sonnenlauf oder die Sonne
im Kreuz, um nur einige zu nennen. Unser
tägliches Brot, aus verschiedensten Getreide-
arten gereift an der Sonnenwärme, steht ja
in einer besonders starken Beziehung zum
Licht. So versinnbildlichen die Gebildsbrote
nicht nur die äussere Sonne, sondern auch
das Sonnenlicht des Auferstandenen.

So werden die Osterbrote gemacht:

Für den Hefeteig braucht es:
- 500 g Mehl
- 20 g Hefe
- 2¼ dl Milch
- wenig Salz
- etwa 50 g Zucker (für ein süsses Brot)
- 100 g Butter
  und die abgeriebene Schale einer unge-
  spritzten Zitrone oder Orange

Das Mehl in eine angewärmte (mit
heissem Wasser ausgespülte) Schüssel
geben.

Die in handwarmer Milch aufgelöste
Hefe zum Mehl geben und etwas gehen
lassen. Dann das verquirlte Ei und die
flüssige abgekühlte Butter daruntermi-
schen. Den Teig solange kneten, bis er
weich und geschmeidig wird. An einem
warmen Ort, mit feuchtem Tuch zugedeckt, den Teig gehen lassen (er muss um
das Doppelte aufgehen).

Das Formen ist einfach: Vom Teig Stücke
schneiden und diese zu Teigrollen
formen und in der gewünschten Art auf
dem Backblech anordnen. Bis zum
Backen an einem kühlen Ort ruhen
lassen. Mit Eigelb bestreichen und im
vorgeheizten Backofen bei 250 Grad
backen.

(Klopfprobe: Die Brote sind gut durch-
gebacken, wenn beim Klopfen an der
Bodenseite ein hoher Ton erklingt.)

Sonnenkreis

Sonnenkreuz

Sonnenbogen

Sonnenrad

Sonnenbögen

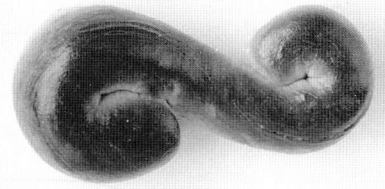

Sonnenlauf

Frühling

Frühlingsfeuer

Das zürcherische Sechseläuten ist ursprünglich ein in Vergessenheit geratenes Vegetationsritual. Es wurde wie an vielen anderen Orten in der Schweiz, so auch im Engadin, als Frühlingsbrauch gefeiert. Eine Strohpuppe, der zum Wintersymbol umgedeutete «Böögg», muss den Feuertod erleiden. Der im Laufe des verflossenen Jahres alt gewordene Vegetationsfetisch wird verbrannt, um für das kommende Jahr neu zu auferstehen.

Vorläufer dieses Zürcher Stadtbrauches waren die Frühlingsfeuer in den Quartieren. Es war die Aufgabe der Knaben, das aufgeschichtete Holz zu entzünden. Ein Stich aus dem Jahre 1787 zeigt, wie am Fusse des Lindenhofs unter Schiessen und Knallen eine Strohpuppe in den Flammen aufgeht. Heute hat sich das Zürcher Sechseläuten mit dem Umzug der Zünfte von der ursprünglichen Bedeutung und vom eigentlichen Hintergrund entfernt. Immerhin, wenn um sechs Uhr abends die Glocken läuten, und der «Böögg» zu brennen beginnt und kurz darauf aus allen Fugen kracht, ist allen Anwesenden der Einzug des Frühlings gewiss.

Himmelfahrt und Wolken

An den Tagen um Himmelfahrt sind des öfteren aussergewöhnliche Wolkenbildungen zu beobachten. Ein Spaziergang mit Kindern beflügelt die Phantasie: Jeder kann über die wechselnden Formen rätseln, plötzlich Tier- oder Pflanzen- und andere Umrisse entdecken – ein heiteres Spiel für alle!

Vierzig Tage nach Ostern ist Christus zum Himmel aufgefahren. Der Auferstandene verband an diesem Tag sein Wesen, segnend, mit den Himmeln, der Erde und den Menschen. Natur und Mensch nahmen an dem triumphalen Ereignis teil: «Eine Wolke nahm ihn von ihren Augen fort.» (Lukas 24, 50–53) Das Fest der Himmelfahrt kann deshalb gut mit dem Bild der Wolke in Verbindung gebracht werden.

In der mittelalterlichen Buchmalerei stellten Mönche in eindrucksvollen Bildern das Geschehen dar. Auf Kunstdruckkarten sind entsprechende Darstellungen zu finden. Eine solche Darstellung, auf einen einfarbigen Untergrund geklebt, kann zusammen mit einem Wiesenstrauss den Esstisch schmücken.

Im Volksbrauch finden an Auffahrt Flurumritte und Bergwanderungen statt.

Pfingsten

Himmelfahrt und Pfingsten sind in ihrer Bedeutung schwer erfassbare Feste.

Pentecoste, ein ursprünglich griechisches Wort, von den Römern übernommen, bedeutet der fünfzigste Tag, das heisst, der fünfzigste Tag nach Ostern. Im französischen Pentecôte ist der Wortstamm unverkennbar. Pfingsten lässt sich unter dem Aspekt christlicher Gemeinschaft verstehen und feiern.

Nach der Auffahrt Christi in den Himmel versammelten sich die Jünger. Gemeinsam gelangten sie zur Erkenntnis, Christus hat uns nicht allein zurückgelassen. Er hat sich mit jedem einzelnen von uns verbunden. Auf alten Bildern wurden die «Be-geisterten» mit Flammenzungen auf ihren Häuptern dargestellt. Als Apostel zogen die ehemaligen Jünger Christi in die Welt, um allen Menschen vom Wunder zu berichten.

Ein Lichtritual

Um den Kindern vom Sinn dieses schwer erfassbaren Festes etwas zu vermitteln, hilft zur Erzählung der biblischen Geschichte ein Lichterreigen.

Den festlichen Morgentisch schmückt ein vorsommerlicher Strauss Margeriten. Im Kreis davor angeordnet, stehen in kleinen Schalen zwölf Kerzen. Wer eine alte Darstellung des Geschehnisses besitzt, kann dieses Bild dazustellen. An einer grossen brennenden Kerze entzündet jedes anwesende Familienmitglied eines der zwölf Lichter und stellt die Kerze in den Kreis zurück. Jede Flamme gilt dem Gedenken an einen Menschen, den wir vermissen, den wir besonders lieben oder der krank darniederliegt. Wenn alle zwölf Lichter brennen, wird das Ritual mit einem gemeinsam gesungenen Lied beendet (z. B. «Geh aus, mein Herz»).

In die Pfingstzeit passt das Märchen vom Aschenputtel und den Tauben. Die Kleinen werden diesem Inhalt ohne Erklärungen folgen können. Auf das Evangelium übertragen, symbolisieren die Tauben den Heiligen Geist. Im Märchen helfen die Tauben die guten von den schlechten Körnern zu trennen – Aschenputtel wird die auserwählte Braut.

Frühling

Maiglöckchen und Maientrunk

Am 1. Mai schenkt man sich in Frankreich gegenseitig Maiglöckchen-Bouquets. Schon wenige frisch gepflückte Maiglöckchen verströmen einen unvergleichbaren, betörenden Duft – «der Maien ist kommen...». Eine andere überaus dekorative Pflanze mit feinen sternförmigen Blättern und Blüten öffnet in diesen Tagen ihre Kelche. Es ist der Waldmeister! Auf lichten Waldplätzchen breitet er sich als weisser duftiger Blütenteppich aus. Die Zeit des **Maientrunks** ist gekommen. Am frühen Morgen, bevor sich die Blüten öffnen und die Sonne daraufscheint, wird der Waldmeister gepflückt.

Zum Maientrunk braucht es:

Für 4 Personen
- 1 Liter weissen Traubensaft
- 1 Büschel Waldmeister
- 1–2 ungespritzte Zitronen
- knapp ½ Liter Sprudel oder Mineralwasser

Den Waldmeister zum Büschel gebunden über Nacht oder noch besser einen ganzen Tag in den Traubensaft hängen; die Stiele nicht zu tief in die Flüssigkeit tauchen. Die fein abgeschälte Zitronenschale (ohne weisse Haut) ebenfalls dazugeben. Kühl stellen und kurz vor dem Servieren den Sprudel dazugiessen. **Tip:** Gläser vor dem Servieren kühl stellen.

Waldmeister lässt sich getrocknet für verschiedenes verwenden. Zu Büscheln gebunden, die Blüten nach unten, lässt man ihn an einem unbesonnten luftigen Ort trocknen. Im Mörser werden die Pflanzen dann leicht zerstossen oder auf einem sauberen Packpapier mit dem Wallholz überrollt. Um kleine **Duftkissen** herzustellen, eignet sich locker gewobene Baumwolle. Die Stoffkissen werden rundherum so zugenäht, dass noch ein kleines Stück Seitennaht offen bleibt. Durch dieses wird das duftende Kraut eingefüllt, dann wird die Naht mit versteckten Stichen geschlossen. Der sanft süssliche Duft kann sich im Schrank oder Koffer ausbreiten.

Als **Tee** wirkt der Waldmeister krampflösend und beruhigend bei Monatsbeschwerden. Getrocknete Blüten ohne Blätter helfen bei Schlaflosigkeit, schmerzstillend bei Migräne und Neuralgie, sie haben blutreinigende, leicht schweisstreibende Wirkung.

Vorsommerfreuden

Picknick

Die ersten warmen Tage, Vorboten des Sommers, locken unwiderstehlich ins Freie. Halb Frankfurt zieht am Dienstag nach Pfingsten, dem «Wäldchentag», hinaus ins Grüne zum ersten ausgiebigen Picknick. Mit der Verkleinerung «Wäldchen» ist der noch zart belaubte Maienwald gemeint. Er soll auch an die mittelalterlichen Sommer- und Innungsfeste erinnern, die im Kreise der liebsten Freunde gefeiert wurden. Zu diesen Festen gehörte immer der Tanz. Die alten Tänze, heute im Volkstanz wieder belebt, waren fast überall **Reigentänze** gewesen. Dem geschlossenen Kreis der Menschen schrieb man Kraft zu, böse Geister und ähnliches fernzuhalten. Man tanzte um den Baum, ums Haus, um den Brunnen. Später entwickelten sich die kirchlichen Prozessionen, die auch immer im Kreis ums Dorf, um die Kirche, um die Felder führten.

Das alte Kinderspiel, das auch heute noch die Allerkleinsten beglückt, ist wohl vielen bekannt:

«Ringe ringe Reie,
d Meiteli gönd i d Meie,
d Buebe gönd i d Haselnuss
und machen alli husch husch husch.

Ringe ringe Reie,
d Chinder gönd i d Meie,
si tanze ume Holderstock
u machen alli Bodehock.»

Der Holunderbaum

Mit den ersten warmen Junitagen guckt aus dem frischgrünen Laub an Waldrändern manch wohlriechende Blüte. In Hecken und Büschen sind es der Weissdorn, das Hagröschen, und etwas höher wiegen sich die weissen Blütendolden des Holunderstrauches. Hingehen, betrachten und einatmen – ein köstlicher Duft, ein wahres Vorsommergeschenk, strömt uns in die Nase.

Seit vielen Jahrhunderten gilt in unseren Regionen der Holunder als Heilbaum. Seine Blüten, Beeren, Blätter, Rinde und Wurzel enthalten Heilkräfte. Der Schweizer Kräuterpfarrer Johann Künzle (1857–1945) sagte vom Holunder: «Alles an ihm ist brauchbar und wirksam.»

- Frischer Beerensaft ist blutreinigend.
- Getrocknete Beeren entwässern und entgiften überlastete Nieren.
- Gegen Frühjahrsmüdigkeit helfen gebakkene Holunderblütenküchlein.
- Als Krafttrunk wirkt die Holunderblütenlimonade.
- Holunderblütentee hilft bei Grippe.
- Holunderblättertee ist für Zuckerkranke zur Regulierung des Zuckerhaushaltes nützlich.
- Holunderrindentee behebt Darmbeschwerden und Nieren-Blasenstörungen.

Kein Bauernhof war ohne Holunderbaum! Nach altem Volksglauben wagte niemand einen Holunderbaum zu fällen oder sein Holz zu verbrennen. Unter Holunderbäumen durften Tote ruhen, und die aus Holunderzweigen geformten Kreuze unserer Vorfahren sollen vor Teufelsmächten Schutz geboten haben.

Frühling

Holunderköstlichkeiten

Gefüllte Körbe mit duftenden Blütendolden trugen unsere Kinder nach Hause. Die prikkelnde Limonade löscht so herrlich den Durst, und auch die gebackenen Blüten schmecken köstlich. So musste immer genügend Holunder gepflückt werden. Den Weg zum Waldrand legten wir in früher Morgenstunde zurück. Auch wenn der Strauch im Halbschatten wächst, ist es von Vorteil, die Blüten vor den prallen Sonnenstunden und noch nicht ganz geöffnet zu pflücken, das Duftaroma bleibt dann in seiner Fülle erhalten.

Holunderlimonade

Es lohnt sich, das prickelnd erfrischende Getränk in grösserer Menge herzustellen. Im Kühlschrank aufbewahrt, hält es gut 3–4 Wochen.

- 8 Liter Wasser
- 2 ungespritzte Zitronen
- 6–8 Holunderdolden
- 1 Glas weissen Essig und ein paar Pfefferminzblätter

Alle Zutaten mischen, in 1–3 grosse Gefässe verteilen und an die Sonne stellen. Immer wieder umrühren. Nach 4 Tagen den Saft durchseihen und in Flaschen abfüllen. Nochmals 3 Tage an die Sonne stellen. Danach kühl lagern und möglichst bald konsumieren. Gekühlt schmeckt die Limonade am besten!

Holunderblüten im Ausbackteig

Für 4 Personen
- 2 Eigelb
- etwas Wasser und Milch, gemischt
- 1 Kaffeelöffel Zucker
- 1 Prise Salz
- ½ Esslöffel Öl
- 6 Esslöffel Mehl
- 2 Eiweiss, steif geschlagen

Das Eigelb verrühren, das Wasser-Milch-Gemisch beifügen, dann den Zucker, das Salz und das Öl. Zuletzt das Mehl löffelweise hineingeben und verrühren.

Den Teig eine halbe Stunde ruhen lassen und kurz vor dem Backen die steifgeschlagenen Eiweiss darunterziehen.

In einer Bratpfanne reichlich Öl erhitzen. Die Blütendolden in den Teig tauchen, dabei am Stiel halten und ausbacken.

Auf Küchenpapier abtropfen lassen. Mit Puderzucker bestreut, rasch servieren. Eine Köstlichkeit für Schleckermäuler!

SOMMER

Mit dem 21. Juni, dem Tag der Sommerson-
nenwende, tritt die Sonne in das Sternbild
des Krebses.

Am 24. Juni beginnt, mit dem Fest
Johannes des Täufers, die Johanniszeit und
der Sommer. Der Täufer war der Vor- und
Wegbereiter von Christus. Er lebte lange
Zeit in der Einsamkeit der Wüste und soll sich
nur von Früchten und Honig ernährt haben.

24. Juni – Johannistag

Der Mittsommertag ist ursprünglich ein germanisch-keltischer Festtag. Er verbreitet einen besonderen Zauber. Die Sonne hat auf ihrer Himmelsbahn den höchsten Stand erreicht. Die Kraft des Lichtes und des Sonnenfeuers ist nun am grössten.

Man lege sich einmal an einem solchen Tag in den Schatten eines Baumes und lausche in die glimmende Hitze hinein. Zur Mittagsstunde nämlich wagen sich Elfen, Nymphen, Sylphen, Faune und Zwerge aus ihrem Versteck. Pan ruft sie. Die Geister sollen Mensch und Tier besuchen, sie beobachten, um ihnen für kurze Augenblicke zauberhafte Geheimnisse zu enthüllen... Wer still sein und lauschen kann, erfährt vielleicht solches Glück. Wer es dann in der Nacht beim lodernden Johannisfeuer wagt, die Flammen zu überspringen, soll Krankheit und Unheil überwinden können. Zudem wird im gemeinsamen Tanz ums Feuer die Abwehr alles Bösen beschworen. – So erlebten vor Zeiten die Menschen in enger Verbundenheit mit den Elementarkräften die Natur.

Alte Bräuche zu Johanni

Bereits im 15. Jahrhundert feierte man am 24. Juni das **Brunnenfest**. Alle Brunnen wurden entleert und gründlich gereinigt und anschliessend geschmückt. Am Fest wählte die Bevölkerung den Brunnenmeister fürs neue Jahr. Am Johannisabend, wenn aus den Brunnenrohren wieder das Wasser floss, begann das Fest mit Tanz und buntem Treiben. Alte Brunnenlieder erinnern an jene Zeiten.

In der Schweiz findet heute noch in einigen ländlichen Gegenden alljährlich der Brauch der **Bachputzete** statt. Der Dorfbach wird gestaut und von allem Unrat gereinigt. Wenn am Abend das Geschrei der Kinder durch die Strassen tönt: «Der Bach chunnt, der Bach chunnt», wissen alle, das Wasser strömt wieder im gesäuberten Bachbett.

Eine stillere Sitte war das Johannisbad in der Nacht. Im Fluss oder See wurde es in aller Stille, ohne miteinander zu sprechen, genossen. Es mag an das Taufritual Johannes des Täufers erinnern.

Vielerorts wurden am 24. Juni **Johanniskuchen** gebacken. So hielt im Elsass der Bäcker am Mittag seine Kuchen bereit. Noch warm trug man sie nach Hause. Die alte Redewendung vom «Hans Dampf in allen Gassen», die heute eine andere Bedeutung erhalten hat, stammt vielleicht von jenem alten Brauch her.

Der Mittsommertag, neu belebt

Gemeinsam pflücke man einen Wiesenkräuterstrauss aus Johanniskraut, Bärlapp, Kornblumen und Klatschmohn, dazu etwas Eichenlaub und Farn vom Waldrand. Man ergänze den Strauss mit Rosen und Rittersporn aus dem Garten oder vom Gärtner. An einem Band, über dem Fenster oder an der Tür aufgehängt, schmückt der Strauss bis Weihnachten die Stube. Am Weihnachtsabend wird die Krippe mit der getrockneten «Johannisstreu» geschmückt.

Wer einen Küchenkräutergarten pflegt, bindet an Johanni Gewürzsträusschen. Salbei, Rosmarin, Thymian, Bohnenkraut, Basilikum

und Origano tragen mit ihren verschieden grünen Blättchen und den intensiven Düften den Sommer ins Haus. An Weihnachten zieren die kleinen Bouquets dann vielleicht ein Geschenk oder ein paar Tannenäste.

Als Johannisspeise nehme man aus der bunten Palette der Sommerbeeren weisse, rote und schwarze Johannisbeeren, Monatserdbeeren, Himbeeren und wenig Stachelbeeren. Mit flüssigem Honig etwas gesüsst und sonnenwarm genossen, eine himmlische Köstlichkeit als Dessert oder als kleine Mahlzeit zwischendurch!

Sommerbräuche auf Alp und Feld

Im Sommer bestimmen die Arbeiten in Feld und Stall das überlieferte ländliche Brauchtum. Das Vieh wird zur Sömmerung auf die Alp getrieben, und auf den Feldern beginnt schon bald die Ernte. Es war für die Bauern schon immer eine arbeitsreiche Zeit, die erst zu ihrem Abschluss wieder Musse für Fest und Vergnügen liess.

Älpler-Choscht

Bauern und Viehbesitzer besuchen an einem Mittsommersonntag ihre Rinder auf der Alp. Im Berner Oberland haben sich aus diesen Besuchen kleine Feste mit Spielen und Tanz entwickelt, die Älplerchilbi.

Im Saanengebiet in der Schweiz kennt man den «Suufsunntig». Hier wird nicht etwa, wie man vermuten könnte, allzu reichlich berauschendem Getränk zugesprochen; es ist die dickflüssig geronnene Milch im Käsekessel, die der Senn «Suuf» oder «Schluck» nennt. Zum Suufsunntig wird die Leitkuh bekränzt und das Fest zum Fahnenschwingen, Alphornblasen und Tanz gerüstet.

Wohlschmeckende **Älplermagronen** stehen auf dem Speisezettel. Es ist ein einfaches, aber «chüschtiges», ein köstliches Mahl, das sich auch gut zusammen mit Kindern kochen lässt. Beim Zwiebelnrüsten darf tüchtig geheult werden…

Wer zu dieser Zeit im Sommer ferienhalber in den Bergen weilt, soll den feinen, würzigen Bergkäse vom Sennen probieren!

Zu den Älplermagronen braucht es:

Für 4 Personen

- 500 g Makkaroni
- 3–4 Zwiebeln
- Butter zum Anbraten
- 3 dl Rahm
- 100 g geriebener Bergkäse
- Salz, Pfeffer, 100 g Reibkäse
- Käse in Stückchen

Die Makkaroni al dente kochen und abtropfen lassen. Die Zwiebeln in Streifen schneiden und in der eingesottenen Butter goldbraun braten. Den Rahm aufkochen, den geriebenen Bergkäse hineingeben und gut umrühren. Die Teigwaren mit Salz, Pfeffer und geriebenem Käse abschmecken. In eine feuerfeste Form füllen. Die Käsesauce darübergiessen. Mit den Zwiebeln und Käsestückchen belegen. Zugedeckt im Ofen erwärmen, bis der Käse schmilzt.

Guten Appetit!

Sommer

Ähren und Grannen

Zum Erntebeginn steckten sich die Schnitter die ersten drei Ähren an den Hut. Am Ende der Ernte suchten sie sich die letzten neun schönsten Grannen und brachten sie als Segensgruss nach Hause. Bei der Erntefeier stand die kleine Garbe auf dem Tisch. Sie wurde später, zum Kranz oder in ein Gebilde eingeflochten, an den Türbalken gehängt. Segensreich sollten die Ährenrispen wirken. Auch heute haben Erntesträusse, gebunden aus Grannen und Wiesenblumen, die gleiche Bedeutung. Einen anderen Effekt erzielten früher die Bauersleute mit einer grossen Garbe. Ein altes Weib wurde aus ihr geformt, Kleider wurden ihr übergestülpt und sie so als «Erden-Mutter» auf den Acker gebracht. Man nannte sie auch Roggen- oder Kornmuhme. Sie bewachte das wachsende kostbare Saatgut. Andernorts sprach man vom alten Weibe Wotans, das auf dem Feld zum Rechten sah. Daraus entwickelten sich die Vogelscheuchen, behangen mit allerlei glitzernden und scheppernden Materialien, die allein dazu dienen, die Vögel zu vertreiben.

Ährengebilde – Sechszackstern

- kurz vor der Reife, wenn die Grannen noch grün sind, schneiden
- getrocknete gekaufte Ähren müssen 30 Minuten in handwarmem Wasser eingeweicht werden
- auf Kartonunterlage arbeiten
- eventuell mit Stecknadeln die Halme darauf fixieren
- mit Leinenzwirn oder starkem Baumwollfaden abbinden

Zuerst alle Halme gleich ablängen. Zwei gleichschenklige Dreiecke herstellen. Pro Schenkel zwei bis drei Halme nehmen. Die Ecken gut binden, den Faden satt knüpfen. Die beiden Dreiecke so aufeinanderlegen, dass 6 gleichgrosse Dreiecke entstehen, an den Überschneidungsstellen abbinden.

Mit einem Sträusschen aus Ähren, Salbei und Kamille den Stern im unteren Teil dekorieren. Eine Aufhängeschlaufe anbringen.

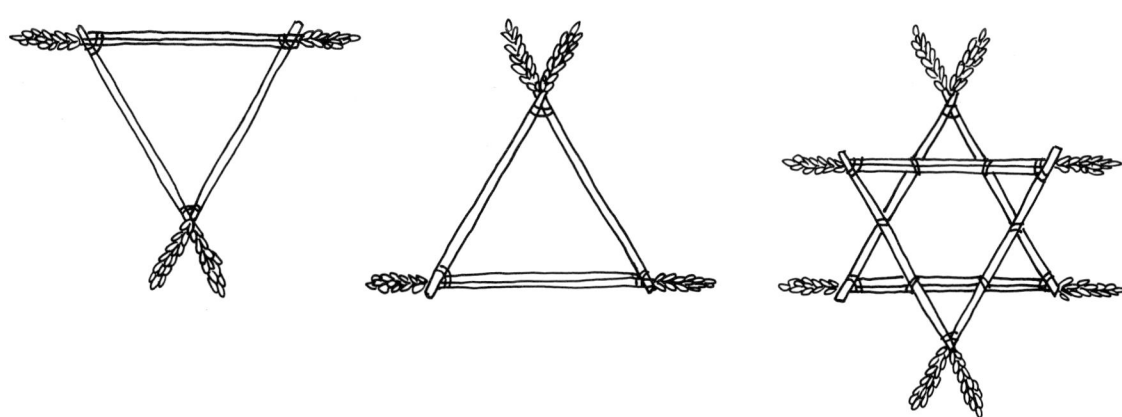

Sommer

Der Erntestrauss

Wer nicht in bäuerlichen Verhältnissen lebt, wird sich seinen Wiesen-Ährenstrauss bei einer ausgedehnten Wanderung pflücken. Kinder sind emsige Pflücker. Der Bauer schenkt uns vielleicht ein paar Grannen, wenn wir ihn fragen und auch versichern, nur am Rande des Ackers zu pflücken. Wenn der Wind nur wenig über das Kornfeld streicht und die abertausend Ährenrispen sich rauschend wiegen, werden wir mit einem einmaligen gemeinsamen Erlebnis aufs beste belohnt...

Erntezeit und Kirchweih

Am 25. Juli, dem Jakobstag, begann für die bäuerliche Bevölkerung die Erntezeit. Weizen und Roggen wurden eingebracht. Die ersten Kartoffeln, die ersten Äpfel – man nannte sie Jakobskartoffeln oder Jakobsäpfel, auch wenn sie andere Sortennamen hatten – trug man in den Keller. Es waren Wochen, die alle daran Beteiligten viel Schweiss und Kraft kosteten. Schönes, heisses Wetter war willkommen, und man musste es nutzen. Trotz Mühe und Arbeit war es eine Zeit der Freude. Bald winkte das anschliessende Fest mit der verdienten Ruhepause, die Kirchweih.

Die **Kirchweih** begann am Sonntag und dauerte bis Dienstag oder Mittwoch. Das ganze Dorf nahm daran teil. Ausserdem erwartete man an diesen Tagen Verwandte, Freunde oder auswärts wohnende Familienmitglieder. Ein Familienfest wurde vorbereitet. Vom Dach bis zum Keller putzten die Mägde das Haus blitzblank. Die Meistersfrau

Sommer

und Helferinnen buken die dünn-knusprigen Kilbi-Küchlein. Auf weissem Leinen stapelten sie in Wäschekörben das köstlich duftende Gebäck. Feine Fruchtkuchen warteten in den kühlen Vorratskammern, und der Most, das Bier und der Wein standen in den neu aufgefüllten Gestellen im Keller bereit. Ein Tag vor Festbeginn hing der Bratenduft im Treppenhaus, er mischte sich mit dem Wohlgeruch einer frischen Gemüsesuppe und manch anderer Köstlichkeit mehr.

Am Sonntagmorgen zog man, sauber herausgeputzt, gemeinsam zur Kirche. Es waren meistens die Jungen, die nach dem üppigen Mahl am Nachmittag ins Freie drängten. Dort spielte die Musik zum Tanz auf – und nach festgelegten Regeln wurde im Kreis getanzt.

An die lokale Kirchweih schloss sich der Kilbimarkt an. Der Michaels- oder Martinsmarkt, nach den Heiligen benannt, war Treffpunkt für Geschäfte. Verträge wurden abgeschlossen, Neuigkeiten ausgetauscht. Hochzeiten wollte man «zusammenbringen». Tanz, Gesang, Essen, Trinken, Karussell und Vergnügungsbuden, das war Kilbibetrieb, zu dem man sich einzig einen wolkenlosen Himmel wünschte. Jedermann kannte das Scherzwort, der Markttag sei neben Weihnachten und Ostern der höchste Festtag im Jahr!

Sommer

HERBST

Bei einem Wirte wundermild,
Da war ich jüngst zu Gaste;
Ein goldner Apfel war sein Schild
An einem langen Aste.

Es war der gute Apfelbaum,
Bei dem ich eingekehret;
Mit süsser Kost und frischem Schaum
Hat er mich wohl genähret.

Es kamen in sein grünes Haus
Viel leichtbeschwingte Gäste;
Sie sprangen frei und hielten Schmaus
Und sangen auf das beste.

Ich fand ein Bett zu süsser Ruh
Auf weichen, grünen Matten;
Der Wirt, er deckte selbst mich zu
Mit seinem kühlen Schatten.

Nun fragt ich nach der Schuldigkeit,
Da schüttelt er den Wipfel.
Gesegnet sei er allezeit
Von der Wurzel bis zum Gipfel!

Ludwig Uhland

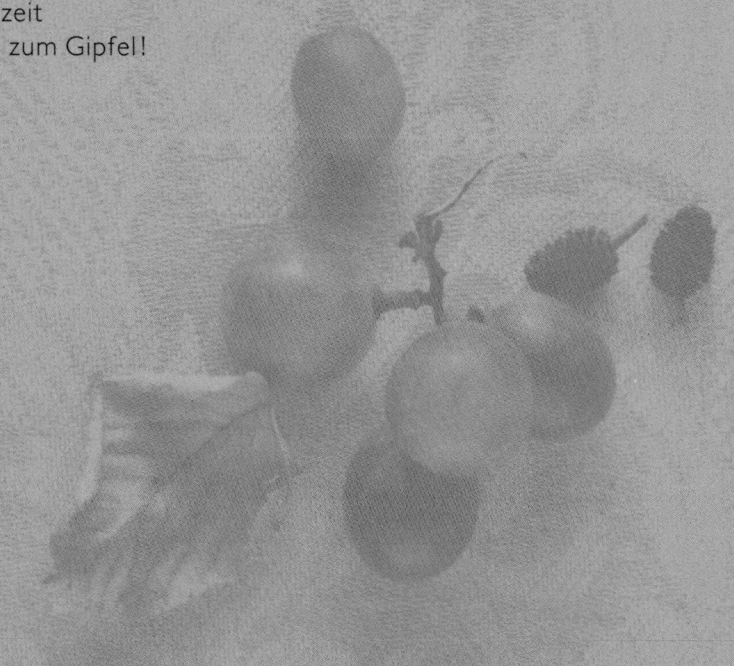

Das Erntedankfest in der Familie

Zum Erntesegen gehört ein kleines Fest. Auch wer nicht aus dem eigenen Garten volle Körbe nach Hause tragen kann, darf dankbar feiern. Dazu bieten die herbstlichen Märkte eine wahre Augenfreude und lassen einem das Wasser im Mund zusammenlaufen. Aus der Fülle der herbstlichen Gaben kann man gut einen Abendtisch festlich decken. Zum Auftakt haben die Kinder mit der Mutter eine Kürbissuppe gekocht – sie halfen tüchtig mit beim Kleinschneiden der grossen Fruchtstücke (Rezept Seite 68). In Körben und flachen Schalen liegen Trauben, Äpfel, Birnen und die ersten Nüsse. Ein zartfarbener Asternstrauss krönt die Tafel. Vielleicht liegt ein selbstgebackenes Brot auf einem Holzbrett, denn zur Nachspeise wird das erste Glas selbst eingemachtes Fruchtgelee geöffnet und probiert.

Herr von Ribbeck auf Ribbeck im Havelland

Herr von Ribbeck auf Ribbeck im Havelland,
Ein Birnbaum in seinem Garten stand,
Und kam die goldene Herbsteszeit
Und die Birnen leuchteten weit und breit,
Da stopfte, wenn's Mittag vom Turme scholl,
Der von Ribbeck sich beide Taschen voll,
Und kam in Pantinen ein Junge daher,
So rief er: «Junge, wiste 'ne Beer?»
Und kam ein Mädel, so rief er: «Lütt Dirn,
Kumm man röwer, ick hebb 'ne Birn.»

So ging es viel Jahre, bis lobesam
Der von Ribbeck auf Ribbeck zu sterben kam.
Er fühlte sein Ende. 's war Herbsteszeit,
Wieder lachten die Birnen weit und breit;
Da sagte von Ribbeck: «Ich scheide nun ab.
Legt mir eine Birne mit ins Grab.»
Und drei Tage drauf, aus dem Doppeldachhaus,
Trugen von Ribbeck sie hinaus.
Alle Bauern und Büdner mit Feiergesicht
Sangen «Jesus, meine Zuversicht»,
Und die Kinder klagten, das Herze schwer:
«He is dod nu. Wer giwt uns nu 'ne Beer?»

So klagten die Kinder. Das war nicht recht,
Ach, sie kannten den alten Ribbeck schlecht;
Der neue freilich, der knausert und spart,
Hält Park und Birnbaum strenge verwahrt.
Aber der alte, vorahnend schon
Und voll Misstraun gegen den eigenen Sohn,
Der wusste genau, was damals er tat,
Als um eine Birne ins Grab er bat,
Und im dritten Jahr aus dem stillen Haus
Ein Birnbaumsprössling sprosst heraus.

Und die Jahre gehen wohl auf und ab,
Längst wölbt sich ein Birnbaum über dem Grab,
Und in der goldenen Herbsteszeit
Leuchtet's wieder weit und breit.
Und kommt ein Jung übern Kirchhof her,
So flüstert's im Baume: «Wiste 'ne Beer?»
Und kommt ein Mädel, so flüstert's: «Lütt Dirn,
Kumm man röwer, ick gew di 'ne Birn.»

So spendet Segen noch immer die Hand
Des von Ribbeck auf Ribbeck im Havelland.

Theodor Fontane

29. September – Michaelstag

Mit einer grossartigen Farbenpracht zieht sich das Leben in der Natur zurück. Die Tage werden kürzer und kühler. Seit Jahrhunderten feierten die Menschen den 29. September als Michaelstag. In ländlichen Gegenden ruhte an diesem Tag die Feld- und Hausarbeit. Am Vorabend entzündete man das Michaelsfeuer. Es galt als Zeichen für die anbrechende Winterdunkelheit. Alle mussten nun für ihr Licht im Haus sorgen, noch gab es nicht den einfachen Druck auf den elektrischen Schalter! Am Abend sassen Knechte und Mägde beim gemeinsamen Mahl.

Auf alten Bildern wird der Erzengel Michael als Drachenkämpfer in der Eisenrüstung, oft mit einem weissen Pferd oder der Waage als Symbol, dargestellt. Der Engel wägt das Gute und Böse gegeneinander ab und weist mit dieser rituellen Handlung auf ein geistiges Leben nach dem Tod hin. Kinder sollen davon hören, dass St. Michael auch heute noch unsichtbar als Himmelsfürst mit grosser Kraft auf Erden wirkt. Er hilft den Menschen, das Böse zu bekämpfen – deshalb trägt er auf den Darstellungen die Eisenrüstung. Märchen, welche diesen Gedanken bildhaft ergänzen, sind «Die zwei Brüder» und «Der Teufel mit den drei goldenen Haaren» der Gebrüder Grimm.

Durch eigenes Tun kann die Thematik vertieft werden: einen Wurzeldrachen, eine Drachenmarionette oder einen Flugdrachen herzustellen, sind erlebnisreiche Erfahrungen.

Michaelswecken

In Flandern steckte die Mutter zu früheren Zeiten den Kindern an diesem Tag ein süsses Hefebrötchen unter das Kopfkissen. In Schottland mussten Freunde und Verwandte und alle, die an diesem Tag zu Besuch kamen, vom St. Michael's cake, einem Haferkuchen, essen, und dies hatte eine besondere Bewandtnis: Wer davon kostete, war dem Schutze des Erzengels anbefohlen. Ein guter Grund, den alten Brauch zusammen mit Kindern wieder neu zu beleben.

Für einen süssen Hefeteig braucht es:

- 500 g Halbweissmehl
- 1 dl Milch
- 20 g Hefe
- 80 g flüssige Butter
- 2 Eier
- 70 g Zucker
- 1 Teelöffel Salz
- 100 g Halbrahmquark
- 150 g Rosinen
- 1 Eigelb, mit 2 Esslöffeln Milch verrührt, zum Bestreichen

Das Mehl in eine angewärmte Schüssel geben. Die Milch erwärmen und die Hefe darin auflösen. In der Mitte des Mehls eine Mulde bilden, die Hefe-Milch-Mischung hineingiessen und mit Mehl etwas bedecken. Die handwarm flüssig erwärmte Butter darüber verteilen. Eier, Zucker, Salz und Rahmquark mit dem Schwingbesen glatt rühren, die Rosinen beifügen. Alles zum Mehl geben und gut durchkneten, bis ein geschmeidiger Teig entsteht. An einem warmen Ort, mit einem feuchten Tuch bedeckt, den Teig um das Doppelte aufgehen lassen.

Danach den Teig in Portionen teilen und auf ein gebuttertes Backblech legen. Etwa 20 Minuten kühl stellen, dann mit der Ei-Milch-Mischung bepinseln. Bei 200 Grad im vorgeheizten Ofen 35 Minuten golden backen.

Drachenspiele

Handpuppendrache

Wurzeldrache

Auf Alpweiden, zwischen grossen Stein-
brocken am Wildbachufer oder im Wald-
dickicht finden sich wundersame von Wasser
und Wind glattgeschliffene Wurzeln und
Äste. Ihre bizarren Formen regen die Phantasie an – allerhand Gestalten sind darin zu
entdecken. Schnitzmesser, Schmirgelpapier,
Glassteinchen, Muscheln, Schneckenhäuser
und anderes zaubern in kürzester Zeit einen
Fabel-Drachen.

Gutes tun, Böses überwinden, den Mut
erproben. – Eine Drachenfigur eignet sich für
Kinder wunderbar, um diese Erfahrungen
anhand eines entsprechenden Märchens oder
im Spiel zu gestalten. Das kleine Kind erlebt in
dieser Spielform den Inhalt in einer ihm
entsprechenden Dimension. Die Sprache
muss einfach und klar sein. Alles zu Ausge-
schmückte, Übertriebene lenkt von den
eigentlichen Inhalten ab. Mit Lauten und
Stimmlage erhalten die Figuren ihre Eigenart.

Herbst

Zum Handpuppendrachen braucht es:

- einen ausgedienten Strumpf als Träger der Figur
- farbige Metallfolie oder Geschenkpapier mit Glanzeffekten; wenn dieses zu dünn ist, muss es auf Halbkarton aufgeleimt werden
- starken Baumwollfaden, eine spitze Nähnadel, Pailletten, Federchen, Leim

Der Drache besteht aus zwei Teilen (siehe Schnittmusterbogen): der inneren Drachenform und der äusseren Drachenform einschliesslich der punktierten Teile. Den Drachen zweimal, einmal dem Umriss der inneren, einmal dem Umriss der äusseren Drachenform nach, aus unterschiedlichem Material ausschneiden und die beiden Formen aufeinanderkleben. An der vorstehenden Basis unterhalb der Krallenfüsse mit breiten Vorstichen über den Rist des Strumpfes zum Rohr, das heisst vom Hals bis zum Schwanzende, das Tier am Strumpf annähen. Der Körper muss mit zusätzlichen Stichen festgenäht werden (auf dem Schnittmuster mit Sternchen bezeichnet). Zuletzt darf geschmückt werden... Federchen, Pailletten, Drachenflügel aus Papierresten verwandeln das Tier in ein Ungetüm.

Es ist von Vorteil, auf der gegenüberliegenden Seite eine gegengleiche Drachenfigur anzunähen. So kann mit der rechten oder linken Hand gespielt werden.

Flugdrachen

Kein echter Spätherbst ohne kalte Winde –
und Drachen am Himmel! Für einen guten
Flug braucht es eine baumfreie Wiese, ein gut
proportioniertes Flugobjekt und einen
leichten Wind.

Für jedes Kind eine bleibende Erinnerung: mit beiden Füssen fest auf dem Boden
stehend, die lange Schnur an der Haspel in
beiden Händen und der in weiter Ferne am
Himmel schwebende Drachen...

Ein einfach nachzubauender Leichtwind-
drachen ist der **Schlittendrachen,** fachmän-
nisch **Sled** genannt. Für den Drachenbau
eignen sich leichte reissfeste Materialien wie
Tyvek, ein papierähnliches, auf Kunststoff-
basis aufgebautes Textil und ähnliches
(erhältlich in Bastelgeschäften).

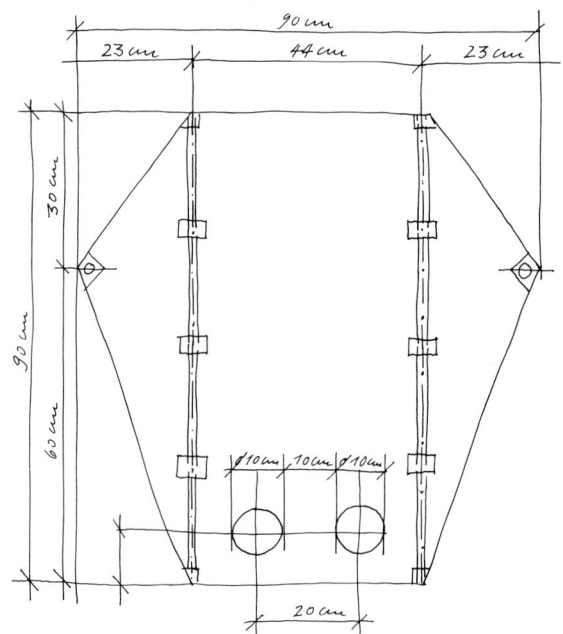

Zum Flugdrachen braucht es:

- 1 m Tyvek oder ähnliches Material, 90 cm
  breit
- Stoff- oder transparente Lackfarben
- Gewebeklebeband
- 2 Stäbe à 90 cm, 6 mm Durchmesser aus
  Hartkunststoff
- Waageschnüre (leichte Nylonschnur),
  ca. 1 m, und -Waagering (eventuell ein
  Schlüsselring)
- 2 Ösen oder Lochverstärker (Schreib-
  warenhandel)
- Drachenleine und Haspel

Ohne Nahtzugabe, nach der Vorlage auf
dem Musterbogen, das Tyvekmaterial
zuschneiden. Nicht vergessen: Ohne die
Luftlöcher im Basisteil, würde der
Drachen kaum fliegen!

Waagering

Das Segel auf der Vorderseite bemalen.
Nach dem Trocknen auf der Rückseite
die Stäbe mit dem Gewebeklebeband
aufkleben. Ecken mit dem Band
verstärken. Ösen einschlagen.
Die 2 m lange Waageschnur mittig an den
Waagering schlingen und an den Ösen
verknoten. Zuletzt die Drachenleine am
Waagering befestigen.

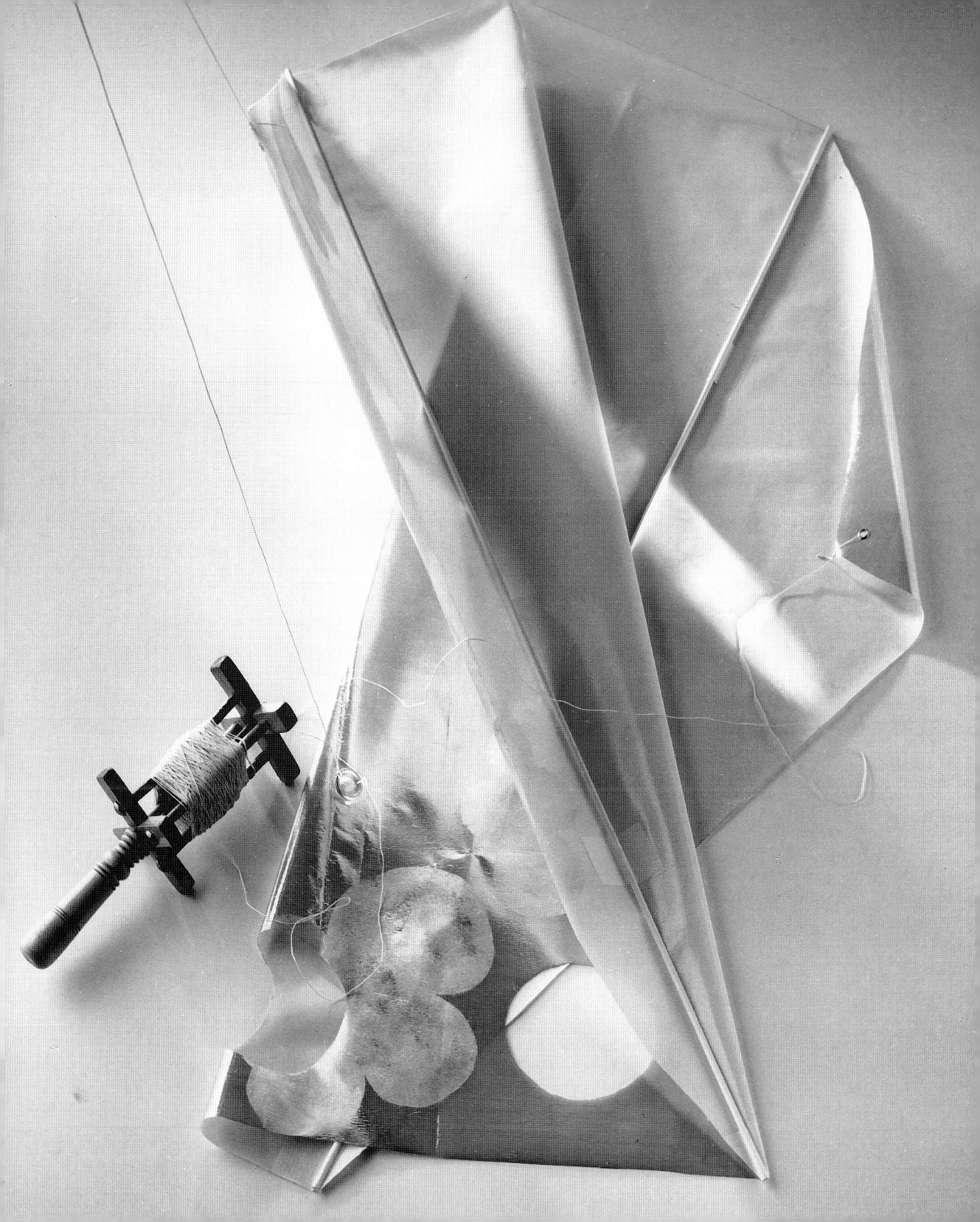

1. und 2. November – Allerheiligen, Allerseelen

Der November ist im römischen Kalender der neunte Monat. Er hat seinen Namen vom lateinischen novem, das heisst neun.

Karl der Grosse nannte ihn den Windmonat, wohl der heftigen Novemberstürme wegen.

In bäuerlichen Gegenden ist es der Schlachtmonat. In dieser Zeit werden die über den Sommer gemästeten Tiere geschlachtet und das Fleisch zum Räuchern im Kamin oder zum Einlegen im Salzfass vorbereitet. Die winterlichen Vorratskammern werden gefüllt.

Im 9. Jahrhundert verordnete Papst Gregor IV. ein Fest zum Gedächtnis aller Heiligen und zum Dank für ihre Fürsprache.

Herbst

Am 2. November wird der Verstorbenen gedacht. Bevor sich eine Schneedecke über die Gräber legt, findet dieses stille Gedenkfest statt. An diesem Tag suchen die Hinterbliebenen die Grabstätten ihrer Angehörigen auf, um sie mit immergrünen Tannenästen, getrockneten Fruchtständen aller Art, getrocknetem Sommerflor zu schmücken. Ein brennendes Kerzenlicht wird auf das Grab gebracht. Es symbolisiert das ewige Licht. In vergangenen Zeiten deckte man für alle im vergangenen Jahr Verstorbenen einen Platz am Tisch. Oft brachte man ihnen Speisen oder Getreidebüschel als Opfergaben auf das Grab.

Viele Menschen leben heute nicht mehr am selben Ort wie ihre verstorbenen Familienmitglieder. Im Kreise der Familie kann dann am Morgen eine besinnliche Stunde gehalten werden. Mit den Kindern zusammen wird eine Kerze angezündet, Begebenheiten aus dem Leben des Verstorbenen einfach und schlicht geschildert. So bekommt der allgegenwärtige Tod einen selbstverständlichen Platz in unserem Jahresablauf.

«Räben» und andere Lichter

Schriftlich überlieferte Texte berichten von Lichterbräuchen zur Spätherbst- und Mittwinterzeit. Die zelebrierten Rituale sollten alle lichtscheuen Dämonen von den Wohnstätten fernhalten. C. G. Jung deutete die Lichter dieser Bräuche als «echte Lebenslichter».

Manche dieser alten Lichtbräuche sind bis heute erhalten geblieben, in abgeänderter Form vielleicht. Eines der bedeutendsten Lichtfeste ist die «Räbenchilbi» in Richterswil am Zürichsee. Von weit her kommen jedes Jahr grosse und kleine Zuschauer, um dieses einzigartige Ereignis mitzuerleben. Mit einer Salve wird um 18 Uhr das Fest eröffnet. Im ganzen Dorf erlöschen alle Lichter. Die Dunkelheit wird einzig von Hunderten von Räbenlichtern (ausgehöhlten weissen Rüben) auf Fenstern, Balkonen, entlang den Treppen erhellt. Ein ganzer Ort erstrahlt in unzähligen Lichtern. Und bald strömt ein langer Umzug, von Trommlern und Musikanten angeführt, mit grossen «Licht-Bildern», aus vielen ausgehöhlten Räben bestehend, durch die Hauptstrasse . . .

Es wird erzählt, dass früher am Sonntagabend vor Martini die Bäuerinnen vom Berg den langen, dunklen Weg an den See zum Erntedankfest mit ausgehöhlten und mit einem Talglicht versehenen Räben beschritten. Noch heute führen die schwarz gewandeten Kirchgängerinnen den Räbenzug an. Im Zürcher Oberland erinnert man sich bis in die achtziger Jahre des letzten Jahrhunderts zurück an Räbenlichterumzüge.

Der Erzähler fährt fort: «Küchenschubladen wurden ausgeräumt und durchsucht. Der Aushöhler, unser wichtigstes Instrument gefunden; mit scharfem Schnitt musste das Krautbüschel weg, der Deckel gleich darauf, um die Räbe möglichst dünnwandig auszuhöhlen.

Mit dem Messer, diesem ungewohnten Zeichenstift, wurden mit kindlicher Phantasie alle möglichen Figuren eingraviert. Da fühlte man sich als grosser Künstler, wenn die Kleinen am Tisch grosse Augen machten, wenn einer der Älteren ohne Fehlschnitt so eine Räbe bis auf die Haut hinaus sauber und glatt aushöhlen konnte . . . Wie staunten dann alle, wenn gar Namen, Mond, Sterne, Sonne und Haus darauf gezaubert wurden . . .

Die Schnitze legten wir fein säuberlich in eine grosse Schüssel, die uns die Mutter auf den Tisch stellte. Manch rohes Häppchen verschwand zwar in unseren Plappermäulern. Sie schmeckten uns auch besser als das Räbenmus, das zum Nachtessen gekocht auf den Tisch kam . . .»

Niemand weiss genau, weshalb gerade Räben als Lichter für dieses Fest gewählt wurden. Unbestritten spielte zu diesen Zeiten der Rübenanbau eine wirtschaftlich wichtige Rolle. Räben dienten Mensch und Tier als Nahrung. Nach den schlechten Heuernten im Jahre 1877 kosteten 50 kg Räben Fr. 2.50!

Im 19. Jahrhundert war die Lichtzauberveranstaltung durchwegs ein Kinderbrauch. Ein zeitgenössischer Beobachter schreibt: «Ein Lehrer, der ein Herz für die Freude der Kinder hatte, arrangierte den Zug und begleitete denselben durchs Dorf; die Blechmusik, zur Ehre sei es gesagt, stellte sich freiwillig an die Spitze des Zuges . . .»

So wird ein Räbenlicht gemacht:

Wer mit seiner Räbe an einem Umzug teilnehmen möchte, benötigt eine Vorrichtung zum Tragen: Dazu in die untere Räbenhälfte etwa 1 cm vom Rand verteilt drei Löchlein stechen. Wer, um sein Licht vor Zugluft zu schützen, ein Räbenlicht mit Deckel gemacht hat, muss am Räbendeckel an den genau darüberliegenden Stellen drei entsprechende Löchlein anbringen. Eine feine Hanfschnur durchziehen, diese verknüpfen und an einen Stock binden.

Herbst

Kürbissuppe

Das ausgekratzte Fruchtfleisch ergibt eine grosse Schüssel voll köstlicher Kürbissuppe. Schon zu Zeiten Karls des Grossen nahm der Kürbis einen ihm angemessenen Platz auf dem Speisezettel ein. Lange hielt man dann keine grossen Stücke mehr auf diese wunderschöne gute Frucht. In den letzten Jahren haben sich die Essgewohnheiten der verschiedenen Länder und Kulturen durchmischt. Südländische Küche und Rezepte aus Übersee gaben dem Kürbis wieder die Ehre. Die kalorienarme Gemüsefrucht hat übrigens einen beträchtlichen Anteil von wertvollen C-Vitaminen, die während der sonnenarmen Wintermonate besonders wichtig sind.

Kürbissuppe für 4 Personen

1 kg Kürbis. Das Fleisch gewürfelt in 1 Liter Fleischbrühe geben und mit Salz und viel Pfeffer würzen. Während etwa 20 Minuten leicht köcheln. Mit etwas Rahm und einem gehäuften Esslöffel Senf die Suppe abschmecken. In Portionenschalen anrichten und mit gerösteten Brotwürfelchen servieren.

Kürbislichter

Wo Kürbisse gedeihen, in landwirtschaftlichen Regionen in Amerika, Frankreich, aber auch bei uns in Europa, werden heute noch nach altem Volksbrauch die Riesenfrüchte ausgehöhlt und mit ausgeschnittenen Fratzengesichtern versehen. Vor Fenstern, auf Türschwellen oder Treppenstufen sollen sie zur Abschreckung lichtscheuer Dämonen dienen.

11. November – Martinstag

In den Alpen beginnt die Winterzeit am 11. November, dem Martinstag. Das Vieh wird zurück ins Tal getrieben. Am Abend geistern verkleidete Burschen durch die Dorfgassen. Sie tragen ausgehöhlte Kürbisse oder Rüben mit sich. Mit den darin flackernden Lichtern und ihrem Geschrei und Geklingel wollen sie die Dorfbewohner erschrecken. Die Vermummten heisst man «Wintersenn» oder «Ochser». Gemeint sind damit die Geister, die sich während der Wintermonate in den menschenleeren Alphütten einnisten und dort ihr Unwesen treiben.

Der heilige Martin

Am 11. November 397 n. Chr. starb der durch seine Wunderkraft und Menschenfreundlichkeit bekannte Martin von Tours in Frankreich.

Sein Leben war geprägt von einer grossen christlich-brüderlichen Gesinnung. Nach der bekannten Legende schnitt er einmal seinen Mantel mit seinem Schwert entzwei und teilte ihn mit einem frierenden Bettler. Die katholische Kirche ernannte ihn später zum Schutzheiligen der Armen. «Was ihr getan habt einem unter diesen meinen geringsten Brüdern, das habt ihr mir getan.» Matthäus, 25, 40.

Ungern oder gar gegen seinen Willen wurde der Mönch und Einsiedler Martin zum Bischof geweiht. Nach einer Legende soll er sich in einen Gänsestall verkrochen haben. Nur das Geschnatter der Tiere habe ihn verraten. Eine andere Fabel berichtet auch von einem hungrigen Wolf. Dieser habe sich einen Gänsebraten geschnappt, wurde aber von Martin überrascht.

Was zutrifft und niemand abstreiten wird, im November sind die Gänse am fettesten. Sie tragen «den ganzen Sommer» unter ihrem Gefieder. Aus dem frühen Glauben an Vegetationsgeister entwickelte sich der Brauch, gemästete Tiere feierlich zu schlachten – mit der Gans wird der Sommer geschlachtet, vergleichbar dem im Strohfeuer verbrannten Korn.

Der Gedenktag des heiligen Martin ist gleichzeitig mit verschiedensten Bräuchen verknüpft.

In Sursee, in der Schweiz, findet am Martinstag ein Volksfest statt, das auf den alten Zinstag des bäuerlichen Jahres zurückgeht. Neben verschiedenen Wettbewerben, wie Klettern, Sackhüpfen und Seilziehen, bildet die Hauptattraktion der Gansabhauet. Auf dem Rathausplatz hängt an einem gespannten Draht eine fette Martinigans. Mit den Füssen nach unten hängt sie so hoch, dass sie ein Mann gerade noch mit dem Säbel erreicht. Die Ganslaufanwärter stehen bereit. Mit einem roten Mantel bekleidet, die Augen verbunden und mit einer vorgehängten Sonnenmaske, in der Hand den Krummsäbel, müssen sie sich dreimal um sich selber drehen. Von Trommelwirbeln begleitet, läuft der Maskierte dann dorthin, wo er die aufgehängte Gans vermutet. Das Gelächter der Zuschauer hilft ihm, wenn er sich in der Richtung irrt. Hat er die Gans erreicht, darf er diese nach strenger Regel nur durch einen einzigen Hieb vom Seil trennen. Gelingt der treffende Schlag, darf er die herabgefallene Gans behalten.

Advent

Im Jahre 524 wurde auf einem Konzil beschlossen, vom Dezemberanfang bis Weihnachten das Hochzeithalten zu verbieten. Keine aussergewöhnlichen Ereignisse sollten den Menschen von seiner inneren Erwartung auf das Kommen Christi ablenken. Eine «stille Zeit» sei dazu notwendig.

Im westlichen Europa begann der ursprüngliche Weihnachtszyklus am 11. November. Noch vor der Einführung des Weihnachtsfestes feierte man in Gallien, dem heutigen Frankreich, am 6. Januar das viel ältere Fest Epiphanie. Eine vierzigtägige Fastenzeit ging voraus.

Die vier Adventswochen, wie wir sie heute kennen, weisen symbolisch auf die viertausend Jahre hin, welche die Menschheit, nach biblischer Rechnung, auf das Kommen des Erlösers wartete.

Warten bis zum Fest

Um mit Kindern eine ehrliche, lebendige Adventszeit zu erleben, bedarf es zuerst der eigenen Besinnung: Bemühen wir uns, uns in dieser Zeit besonders dem Nächsten zuzuwenden. Es ist sicher den Versuch wert, Differenzen mit anderen Menschen zu klären, Gleichgültigkeit, Hast, Schwierigkeiten im Alltag zu vermeiden. Eine friedvolle Atmosphäre kann sich so entwickeln und auf die Kinder übertragen ...

Werden dann die Kerzen am selbstgebundenen, geschmückten Adventskranz angezündet, kann der Zauber der Vertrautheit und des Aufgehobenseins Einzug halten. Eine nicht alltägliche Stimmung kommt auf,

Ein neuer Martinsbrauch

Alten, kranken, einsamen Menschen könnten wir in die unfreundlich düsteren und langen Novembertage ein wenig Licht bringen, wenn wir sie mit Kindern und einem Laternenlicht aufsuchten. Eine selbstgebackene Überraschung macht das Quentchen Beglückung vollständig und alle daran Beteiligten wären um eine sinnvolle Erfahrung reicher ...

Das Märchen «Die Sterntaler» der Gebrüder Grimm vermittelt gut den Inhalt des Martinstages.

Herbst

wenn die Mutter oder der Vater von Maria, Josef und vom Kind in der Krippe erzählen. Mit grösseren Kindern lässt sich gut davon sprechen, dass wir alle unsere Herzen offen halten sollen, um darin die immer wiederkehrende Christgeburt zu feiern. Wir können uns auch fragen, ob wir im Denken, Fühlen und Handeln auf dem richtigen Weg seien. Das besinnliche Zusammensein im vorweih-

nachtlichen Kerzenschein mit festlichem Musizieren wird noch lange in den Kinderseelen nachklingen. Richtig und ehrlich angesprochen, wird jedes Kind das Wesentliche der Christgeburt erahnen. Die grosse Betriebsamkeit um Weihnachen rückt in den Hintergrund.

Herbst

Der Adventskranz

Der Kranz ist ein altes Symbol. Er galt in der Antike als Siegeszeichen und als umschliessender Ring durch viele Jahrhunderte als Sinnbild für die Liebe.

Der Kranz wurde auch für die Christen zum Siegeszeichen: Christus hat für die Menschheit den irdischen Tod erlitten und diesen überwunden. Heute legen immer noch Menschen ihren Verstorbenen Blumen- und Blätterkränze auf die Gräber.

Der Adventskranz ist noch keine hundert Jahre alt. Für viele Menschen ist er ein stimmungsvoller, aber nicht mehr viel bedeutender Zimmerschmuck zur vorweihnachtlichen Zeit. Vergessen wird, dass der Kranz als starkes Symbol zur Vorbereitung der Christgeburt, in der Zeit des Wartens auf das Friedensfest, im eigentlichen Mittelpunkt steht. Aus grünen Tannenzweigen, der Farbe der Hoffnung, wird er gebunden, mit Lichtern, den Opfer- und Freudezeichen, geschmückt. Im Kampf gegen die Finsternis wird uns mit der Menschwerdung Gottes die Hoffnung auf die Überwindung des Todes gegeben.

Ein schöner Brauch, im Kreise von Kindern und Freunden den Adventskranz zu binden! Auf einen Strohring oder einen aus Zeitungen und Draht vorbereiteten Ring werden schuppenartig Tannenästchen gebunden. Abwechslungsweise trennen einmal die Kinder, einmal die Freunde die Zweige vom Hauptast. Jedes legt seinen Zweig mit den anderen zum Kranz. Eine Person umwindet die Äste mit Blumendraht. Im Gedenken an Kranke, Verstorbene, ferne Menschen werden Zweige mit eingeflochten. Zuletzt werden dem grünen Kranz die Lichter aufgesetzt. Über einer Flamme erhitzte Drahtstücke können mit einer Flachzange gut in den Kerzenboden gestossen werden. Auf diesem Dorn halten die Kerzen fest im Tannengrün. Gesammelte Kostbarkeiten, von Spaziergängen im verflossenen Jahr mitgebracht, werden in die Zweige geschoben. Sie zieren den Kranz nicht nur vortrefflich, sie erinnern auch in schöner Weise an den Jahreslauf ...

Seit alter Zeit wird das Kommen Christi mit brennenden Kerzen symbolisiert. Die ersten Christen sahen in der Kerzenflamme das Sinnbild der sich opfernden Seele. Adventslichter sollen uns so viel Wärme geben, die wir mit Freude und Hingabe weiterschenken können ...

Die Weihnachtsbilderwand

Jedes Jahr wurde eine spezielle stille Ecke in unserem Haus frei geräumt und zum «Weihnachtswändchen» hergerichtet. Von Ausstellungsbesuchen oder in älteren Schreibwarenhandlungen suchte ich mir das Bildmaterial für die festlich rot bespannte Wand zusammen. Es waren durchwegs Kunstdruckkarten mit Darstellungen aus der Weihnachtsgeschichte, von alten Meistern gemalt. Der Verkündigungsengel machte den Auftakt. In loser Folge heftete ich in den Tagen vor dem Fest die beschaulichen Darstellungen, Hirtenszenen, Engelchöre, Lautenspieler, Königskarawanen, den Stall und die Krippe, an das «Weihnachtswändchen». Am Abend erzählte ich eine passende Weihnachtslegende, einen Abschnitt aus der Weihnachtsgeschichte oder erfand eine Erzählung. Am Morgen wurde immer zuerst die Wand nach neuen Bildern abgesucht.

Herbst

Der Adventskalender

Einen sinnvollen Adventskalender musste ich eigenhändig herstellen. Die vorfabrizierten schienen mir zu banal und auf eine reine Geschenkerwartung ausgerichtet. Mit viel Zeit und Liebe entstand eine Minikrippe mit allen Figuren. Aus Seiden- und Filzrestchen, unversponnener und gezupfter Wolle, mit passendem Faden, Steck- und Nähnadel entstanden Maria, Josef, das Christkind, die Hirten und Könige, die Schafe, das Öchslein und Eselein und die schwebenden Engel.

20 Figuren und 4 winzige Kerzenlichtlein für die 24 Tage bis Weihnachten. Alle mussten Platz finden im «Goldversteck». 24 gesäuberte Baumnussschalen, also 48 Nusshälften, erhielten einen gemalten Gold-überzug. Ein etwa 1 m 20 cm langes breites Satinband wurde zugeschnitten. Mit einem Nichts von Wolle wurden die genähten Figürchen darin eingebettet. Die Nussschalen wurden am Rand mit Leim bestrichen und, am unteren Bandende beginnend, angeklebt. Zuerst die Mutter Gottes, dann der Verkün-digungsengel, Josef, ein roter St. Nikolaus … (Die zweite Schalenhälfte wird jeweils leer auf der anderen Seite des Bandes angeklebt.) Unser Jonas baute aus Rindenstücken und Moos eine kleine Hütte. Am ersten Advents-sonntag stand diese an einem stillen Ort, auf einem festlich ausgebreiteten Tuch im Wohn-raum bereit. Von Tag zu Tag füllte sich das Rindenhaus: Die Kinder durften abwechs-lungsweise mit einer speziellen Schere eine Goldnuss abschneiden. Am 24. Dezember lag dann das ersehnte winzige Christkind zwischen dem Ochsen und dem Esel.

Hing da ein «neuer Engel», holte sich unser Jüngster sogleich sein Schemelstühlchen und setzte sich davor. Genau und ausgiebig musste er das wundersame Wesen betrachten. Oft gaben die musizierenden Engelsdarstellungen Anlass, selbst zur Flöte oder Geige zu greifen. Des öftern sassen unsere Buben tagsüber vor der Wand – Fragen tauchten auf: Ob sich das heilige Kind nicht erkältet habe, so nackt, auch wenn das Öchslein es mit seinem warmen Atem streifte. Weihnachten und die Zeit der Erwartung war allgegenwärtig.

Damit der ganzen Krippenschar auch genügend Glanz zukam, gaben die Kinder in die zweiten Schalenhälften gesammelte Mineraliensplitter, die sie dann um das Weihnachts-Krippenhaus legten. Die vier kleinen Kerzchen wurden durch grössere ersetzt, sie mussten die Stallidylle erhellen...

Hinweise zu den Schnittmustern
(siehe Schnittmusterbogen)

- Köpfe
  Aus gezupfter oder unversponnener Wolle kleine Kugeln formen. Diese in die Mitte des Tricotstoffes legen. Mit dem Faden umwinden und mit zwei, drei Stichen abnähen. Haare und Bärte zuletzt an die Figuren nähen.

- Hirten, Josef
  Die Figuren stehen besser, wenn sie sich auf einen Stab, das heisst auf ein Ästchen, stützen.

- Engel
  Jeweils wenig, aber dicht die Haare an das Köpfchen nähen. Zart auszupfen. Aufhänge-Goldfaden von unten her durchziehen.

- Tiere
  Aus unversponnener oder ausgezupfter Wolle geformt, mit Faden in gleicher Farbe abgenäht, um den Körper zu formen: Kopf, Ohren, Schwanz tiertypisch abnähen. Kuhhörner werden durch ein kleines durch den Kopf gestossenes Hölzchen gebildet.

- Könige
  Aus Bandresten entstehen Kronen.

- Christkind
  Unterhalb des Kopfes den restlichen Stoff mit einem Goldfaden zum Wickelpäcklein binden.

Das Krippenhaus

Die Rindenstücke lassen sich mit Knetwachs oder flüssigem Wachs zusammenkleben. Unschöne Stellen werden mit Moos kaschiert. Das Haus auf einem flachen Rindenstück befestigen.

Weihnachtskrippen

In vielen Ländern, wie in Italien, Spanien, Ungarn, Portugal oder im Tirol, werden seit Jahrhunderten zum Christfest die Weihnachtskrippen in den Kirchen aufgebaut. Je nach Region sind diese in unterschiedlichen Materialien gearbeitet, aus Holz geschnitzt, aus Gips oder Lehm geformt. Zur Darstellung des Weihnachtsmysteriums gehört die Anbetung der Hirten und der Könige aus dem Morgenland. Unmittelbar konnte so das Volk die wundersame Geschichte bildhaft erleben.

Im Zuge der Aufklärung, insbesondere durch die kirchenkritischen Erlasse Kaiser Joseph II., wurde vielerorts das Aufstellen von Krippen in Kirchen und Klöstern untersagt; die Krippe ging dadurch ins Volksbrauchtum über. In holzreichen Gebieten begann man kleinere Krippenfiguren zu schnitzen. In Südfrankreich, in der Provence, entstanden die in frohen Farben bemalten «Santos», von Hand geformte Tonfiguren.

Im 18. Jahrhundert erreichte in Italien der Krippenbau seine volle Blüte. Bekannt sind

die in Neapel hergestellten Krippen. Man kann besondere Exemplare im Bayerischen Nationalmuseum bewundern.

Im 19. Jahrhundert erfreuten sich die berühmten nazarenischen Papierkrippen grosser Beliebtheit. Die Spielzeugindustrie verdrängte mit billigen Materialien die handwerklich angefertigten Figuren. In neuerer Zeit greift das Kunsthandwerk erneut das Krippenthema auf.

Das Kindleinwiegen, ein alter Brauch aus dem 14./15. Jahrhundert, überlebte selbst die Reformation. Am Altartisch stand an Weihnachten eine krippenartige Wiege. Die Kirchenbesucher setzten diese zum Gesang von Wiegenliedern in Bewegung. «Ich wollt mich so gern zur lieben Frau Marie vermieten, ich wollt so gern das Kindlein helfen wiegen ...»

Bis in unsere Zeit haben sich alte Krippenspiele erhalten. Ein bemerkenswertes Beispiel dafür sind die **Oberrufer Christgeburtsspiele,** die alljährlich an den Waldorf-Schulen aufgeführt werden.

Herbst

4. Dezember – Barbaratag

Inmitten der grossen Nothelferschar steht die heilige Barbara. Der Schutzheiligen werden die Sterbenden anvertraut, und die Bergleute, welche jeden Tag von schlagenden Wettern in den tiefen Stollengewölben bedroht sind, beten zur Heiligen um Fürbitte; auch Bauern rufen sie an, wenn ein bedrohliches Unwetter heraufzieht.

Die Legende berichtet von der Tochter eines heidnischen Adeligen: Kurz nach der Geburt des Kindes starb die Mutter. Dem Mädchen wurde der Name Barbara gegeben, der die «Fremde» oder «Andersgeartete» bedeutet. Es wuchs zu einer ausserordentlichen Schönheit heran. Weil der Vater befürchtete, ein Unwürdiger könnte sich um seine Tochter bewerben, sperrte er sie in einen Turm mit nur zwei Fenstern. Das eine zeigte nach Norden, das andere nach Süden. Einmal, während der Abwesenheit ihres Vaters, liess Barbara ein drittes Fenster, der aufgehenden Sonne entgegen, in die dicken Mauern schlagen. Ein Priester taufte Barbara; in aller Abgeschiedenheit wurde sie Christin. Zornig schleppte der wutentbrannte Vater nach seiner Rückkehr die Tochter vor den Richter. Dort wurde sie aufgefordert, dem Christenglauben zu entsagen. Sie lehnte ab. Barbara wurde gegeisselt und in den Kerker geworfen.

Der Vater soll sie später eigenhändig mit dem Schwert erschlagen haben, worauf ein Blitz vom Himmel sein Haupt spaltete. Viele Wunder ereigneten sich an ihrem Grabe. In einen kostbaren Sarg umgebettet, liegen ihre Gebeine in der Calixtus-Kirche in Rom.

Barbarazweige

Ein Geheimnis umgibt die am 4. Dezember geschnittenen Zweige: Bis Weihnachten öffnen sie ihre Knospen und kommen zum Blühen. Kirsche, Apfel, Forsythie, auch Zweige vom Haselstrauch eignen sich dafür. Zuerst müssen die Äste in einem kühlen Raum im Dunkeln ins Wasser gestellt werden. Beginnen die Knospen zu schwellen, bringt man sie in die warme Stube. Es ist ratsam, die erwachenden Blättchen des öftern mit lauwarmem Wasser zu übersprühen.

Die blühenden Barbarazweige sind ein Sinnbild für das aus der Todesstarre neu hervorbrechende Leben, ein Sinnbild der Hoffnung auf den wiederkehrenden Frühling.

Das Lied «Ich brach drei dürre Reiselein» beschreibt den Barbara-Brauch.

1. Ich brach drei dür-re Rei-se-lein vom har-ten Ha-sel-strauch und

tat sie in ein Ton-krüg-lein, warm war das Was-ser auch.

2. Das war am Tag Sankt Barbara,
da ich die Reislein brach,
und als es nah an Weihnacht war,
da ward das Wunder wach.

3. Da blühten bald zwei Zweigelein,
und in der heil'gen Nacht
brach auf das dritte Reiselein
und hat das Herz entfacht.

4. Ich brach drei dürre Reiselein
vom harten Haselstrauch
Gott läßt sie grünen und gedeihn,
wie unser Leben auch.

Hierzu spielen oder singen:

Aus: Gottfried Wolters, »Mein Schätzlein hör ich singen«,
Möseler Verlag, Wolfenbüttel und Zürich

Herbst

Sankt Nikolaus

In der ersten Hälfte des vierten Jahrhunderts lebte Nikolaus als Bischof in Myra, Kleinasien. Ebenso wie der heilige Martin stand er im Ruf einer grossen Mildtätigkeit und zeichnete sich besonders auch durch seine Liebe zu den Kindern aus. Seine überragende Persönlichkeit war weit herum bekannt. Im Jahre 1087 wurden seine Gebeine in die süditalienische Hafenstadt Bari überführt. In der neu erbauten Basilika wurden die Reliquien beigesetzt und von Papst Urban II. im Jahre 1089 geweiht. Bis heute soll ein wohlriechendes Öl seinen Gebeinen entströmen.

Noch heute wird der heilige Nikolaus um Hilfe angerufen, besonders um seinen Beistand für eine glückliche Ehe oder bei versagtem Kindersegen zu erbitten. Er ist der Schutzheilige der Bäcker, Getreidehändler, Schiffer, Fährleute, Kaufleute und Schreiber.

Nikolauslegenden

Ein Mann war ohne eigene Schuld in grosse Not geraten. Weil es ihm zum Leben nicht mehr ausreichte, wollte er seine bald erwachsenen Töchter in die Fremde schicken. Nikolaus, der von der traurigen Geschichte erfuhr, begab sich nachts vor das Haus der Verzweifelten und warf durch das offene Fenster einen eingewickelten Klumpen Gold in die Stube. Der Mann fand am Morgen den Schatz. Er beglich sogleich seine Schulden und kaufte seiner ältesten Tochter eine Aussteuer. Als Nikolaus sah, wie umsichtig der Mann mit dem geschenkten Geld umging, bescherte er ihm ein zweites Mal, wiederum nachts, einen ebensogrossen Goldschatz. Damit kaufte der Vater der zweiten Tochter eine Aussteuer, wachte nun aber heimlich nachts, um den gütigen Wohltäter kennenzulernen. Als Nikolaus ein drittes Mal vorbeikam, erkannte ihn der Mann. Er warf sich vor seine Füsse, dankte ihm aus vollem Herzen; dabei wollte er seine Füsse küssen. Nikolaus wehrte energisch ab und sprach: «Danke Gott für alle Barmherzigkeit und alle Güte!»

Ein andermal riefen in Seenot geratene Schiffsleute: «Knecht Gottes, Nikolaus, wenn es wahr ist, was wir von dir gehört haben, so komm und hilf auch uns!» Plötzlich war Nikolaus unter ihnen, sprach den Verzweifelten Mut zu und legte selbst Hand an Stricke und Segel. Bald legte sich der Sturm – und der Heilige verschwand.

Durch eine Missernte geriet das ganze Land um Myra in Hungersnot. Viele Menschen starben. Tage und Nächte lag der Bischof auf seinen Knien und flehte Gott an.

In dieser Zeit legten mit Weizen schwer beladene Schiffe im Hafen an. Der Bischof eilte zu den fremden Schiffsleuten und bat sie, ihm aus jedem der Schiffe nur hundert Mass Korn zu schenken, damit den Hungernden Brot gebacken werden könne. Die Bitte wurde ihm abgeschlagen, das Korn sei für den Kaiser von Konstantinopel bestimmt, die genauen Mengen müssten abgeliefert werden. Nach ausdauerndem Bitten erhielt Nikolaus hundert Mass von jedem Schiff. In Konstantinopel angekommen, fehlte kein einziges Mass Weizen! Das Wunder verbreitete sich überall. Die Menschen priesen Gott und den heiligen Mann. Nikolaus verteilte den Weizen unter die Hungernden – zwei Jahre wurden daraus Brote gebacken, und es reichte noch für die ganze Aussaat.

Nikolaus und sein Kecht

Man kann den Kindern gut erzählen, dass am 6. Dezember für eine kurze Zeit der gute Geist des heiligen Nikolaus über die Himmelsleiter auf die Erde heruntersteigt, und es gebe Menschen, die schlüpfen mit Hingabe im Gedenken an den heiligen Mann in seine Kleider und übernehmen für diese kurze Zeit die grosse Arbeit, alle wartenden Kinder zu besuchen.

Nikolaus beginnt seine Reise im Winterwald, bei Tanne, Stechpalme und Kiefer. Wenn es dann an die Türe klopft, wissen die Kinder: Jetzt ist ER da! Im goldenen Buch ist alles aufgeschrieben – Gutes, weniger Gutes ... Nach der Begrüssung erzählt St. Nikolaus von seiner weiten Reise, von seinen Helfern, die ihm so manches zutragen. Eingehend erkundigt sich der Gast nach dem Wohl der Kinder. Ermutigungen, Ermahnungen folgen. Zu guter Letzt leert sein Begleiter, Schmutzli oder Knecht Ruprecht wird er geheissen, den mitgetragenen Sack polternd auf dem Boden aus. Mit einem Spruch, einem Vers, einer kleinen Geschichte oder einem Lied auf der Flöte danken die Kinder.

Äpfel, Birnen, Nüsse, Mandelkern, Lebkuchen, ein Teigmännlein, aus süssem Hefeteig gebacken, etwas Dörrobst und Schokoladeherzen verbreiten in der Stube jenen Duft, der eindeutig nach St. Nikolaus riecht. Bereits gebackenes Weihnachtsgebäck wartet in Vorratsdosen bis zum Christfest, dann darf es mit sehnlich erwartetem Genuss gekostet werden ...

In unserer Familie schenkte man den beiden Gästen eine Tasse Tee oder Kaffee ein. Wir Eltern wechselten mit dem Nikolaus

Es schneit, es schneit,
Dass's Fetze git:
De Samichlaus
Isch nümme wit.

Samichlaus, du liebe Ma
Häscht dänn luter Fitze da?
Gib mer lieber schöni Sache,
Dass i mi cha lustig mache.

Samichlaus i bitt di:
Bring mer au es Titti:
Aber eis wo Bäbeli heisst,
Suscht wott i lieber gar e keis.

noch ein paar Worte. Oft steckten ihm unsere Kinder in diesem Augenblick heimlich ein gemaltes Bild zu. Beim Abschied standen wir alle unter der Türe und winkten ... bis zum nächsten Jahr! Dann hörten wir nur noch das leise klingende Glöcklein, bis es von der Nacht verschluckt wurde. Zu anderen Zeiten fanden die Kinder einen mit Äpfeln und Nüssen gefüllten Strumpf neben ihrem Bett. Das konnte nur der gute St. Nikolaus gewesen sein. Es gab ein Raten, wie er wohl mit seinen grossen Stiefeln so leise in die Schlafkammer schleichen konnte ... Wir täten gut daran, diesen alten Brauch wieder neu zu beleben! Er ist von solch wunderbarer Einfachheit: Die Überraschung paart sich mit dem Geheimnisumwitterten, Märchenhaftes vermischt sich mit der Realität – in der Vorstellung der Kinder entwickeln sich eigene, phantastische Bilder des gütigen Nikolaus.

Herbst

Einige Hinweise zur Verkleidung

Das Gewand des heiligen Nikolaus ist weiss und reicht, weit geschnitten, bis zu den Fussspitzen. Darüber wird ein blauer, mit Goldborten eingefasster Umhang getragen. Die Mitra, die Bischofsmütze, das goldene Brustkreuz, der goldene Krummstab und die weissen Handschuhe bilden die wichtigsten Accessoires.

Je nach Land und Ort kleidet sich St. Nikolaus verschieden. Im Süden wie im Westen erscheint er im kirchlichen Ornat; im Norden und Osten kommt er als grossväterlich würdiger Mann daher. Diese «weltliche Kleidung» hat sich vollends von den kirchlichen Vorstellungen entfernt.

Wichtig bei jeder Verkleidung ist, dass sie glaubwürdig ist und die Kinder nicht mit einer billigen Maskerade geprellt werden.

Hinweise zu Nikolaus-Stiefel und -Socken (siehe Schnittmusterbogen)

- dichtgewobene Baumwollstoffe verwenden
- Naht 5 mm von der Schnittkante zweimal steppen
- bei Sohle/Absatz mit der Schere 2 mm bis zur Steppnaht einschneiden
- Ränder eventuell mit Zick-Zack-Stich versäubern
- wenden, bügeln
- Bänder zum Zuschnüren gleichzeitig mitnähen (Innenseite) oder von Hand mit ein paar Stichen annähen

Hinweise zum Klaussack
(siehe Schnittmusterbogen)

- festere Baumwollqualität, Filz oder Samt verwenden
- passenden Nähfaden wählen
- Band zum Einfassen und Dekorieren
- Kordel für Hals/Kapuze – zum Zusammenziehen
- als Kopf ein passender Apfel mit roten Bäckchen; für Haare und Bart unversponnene Wolle. Diese wird zuletzt zwischen dem Apfel und der Kapuze eingeschoben.
- Vorderes Sackstück an das Rückenteil nähen, Kapuzennaht oben zunähen, wenden und die Nähte flach bügeln.
- Kapuzenrand mit Band versäubern.
- Für die Kordel: Band rundherum als «Tunnel» aufnähen, so dass die Kordel mit einer Sicherheitsnadel eingezogen werden kann.

Nikolaus, Nikolaus, huckepack,
schenk uns was aus deinem Sack:
Schütte deine Sachen aus,
gute Kinder sind im Haus!

Nikolaus, Nikolaus, heiliger Mann,
zieh die grossen Stiefel an,
reis damit nach Spanien,
kauf Äpfel, Nüss', Kastanien!

Schenken

Heute ist das Schenken zum wichtigsten Brauchelement an Weihnachten geworden. Was ist der Ursprung dieser Sitte? Zu römischen Zeiten überbrachte man sich glückverheissende Geschenke zum Jahresanfang. An vielen Orten hält sich noch der Brauch, am Neujahrstag das Patengeschenk zu überbringen. Mit der Bescherung konnte man sich gegenseitig Glück anwünschen.

Eine andere Wurzel des weihnächtlichen Schenkens ist in der geheimnisvollen Bescherung durch höhere Mächte zu suchen. Deutliche Spuren von vorchristlichen Geschenkbringern sind in den alten Winterbräuchen, zwischen St. Nikolaus und dem Dreikönigstag erhalten. In der Westschweiz, im Süden, in Italien stellen auch heute noch die Kinder für die zu erwartenden Geschenke ihre Schuhe vor die Schlafzimmertür. Oder sie hängen ihre Strümpfe vor den offenen Kamin – bekanntlich steigen die guten Geister mit Vorliebe von oben durch den Kamin ins Haus. In Holland bringt der St. Nikolaus am 6. Dezember die Geschenke. In den deutschsprachigen Gegenden ist der Schenkbrauch auf Weihnachten übertragen worden.

Schenken und sich beschenken lassen

Beides gehört zusammen. Immer versucht der Schenkende mit seiner Gabe etwas von sich selbst mitzuschenken. Selbsthergestellte Geschenke erhalten noch eine zusätzliche Bedeutung: Der Hersteller legt mit seinem Empfinden und Denken von sich selbst etwas Einmaliges mit hinein.

Weihnachten sollte aber nicht zu einem zwar freundlichen, aber verpflichtenden Tauschhandel werden. Entwickeln wir wieder die Kunst des wahren Schenkens! Mit offenem Herzen, Liebe und Wärme und der nötigen Verschwiegenheit ein Geschenk wählen, selbst herstellen und dafür Zeit und Zuwendung bereithalten. Auch einfach auf den anderen Menschen zugehen, ihn spüren lassen, dass wir ihn schätzen: Zeit schenken ist eines der grössten Geschenke. Wer sich für einen anderen Menschen Zeit nimmt, schenkt einen Teil von sich, von seiner Zeit.

Duftende Geschenke

Die an Johanni gepflückten Kräuter liegen nun getrocknet bereit. Mit Zimtstangen, Sternanis, getrockneten Rosen und anderen Blüten kann man den Strauss ausschmücken und mit einem festlichen Band neu binden. Die aus der sommerlichen Natur eingefangenen Düfte werden sich wunderbar mit dem Harz der Tannenzweige mischen.

Ebenso wohlriechend beleben kleine Duftbouquets einen selbstgewundenen Weidenkranz. Mit Nelkenköpfchen besteckte Lorbeerblätter, Lavendelblüten, Salbei, Sternanis und andere Gewürzblätter werden mit feinem Draht zu kleinen Sträusschen gebunden. Dünn gewachsene Weidenruten werden 1–2 Wochen zuvor zu einem dichten Ring geflochten. Später verdrahtet man die vorbereiteten Sträusschen am Weidenkranz.

Herbst

Die geschenkte Herzform

Aus Weidenruten wird ein Herz geformt. Dazu werden gleich lange Weidenruten in der Herzmitte und an der unteren Spitze eng gebündelt und mit Draht zusammengefasst. Dann sollte es bis zu 10 Tagen mit dicken Büchern beschwert werden. Mit Stoffschleifen wird die Drahtfixierung verdeckt. Aus Blechdosen ausgeschnittene Herzen schmücken das Weidenherz mit ihrem festlichen matten Glanz (siehe Weihnachts-Baumschmuck Seite 94).

Selbstgemaltes Geschenkpapier

Dazu eignen sich festere Papierqualitäten, zum Beispiel Kraftpapier oder Packpapier. Mit Silber, Gold, Kupfer und Weiss, am besten Plakatfarben aus der Tube, erhält die zurückhaltende Naturfarbe eine zauberhafte Festlichkeit.

So wird selbstgemaltes Geschenkpapier gemacht:

- Aus gebrauchten Tortenschachteln und ähnlichem werden Weihnachtsmotive, Sterne, Herzen, einfache Winterlandschaften, mit einem Japanmesser ausgeschnitten (siehe auch Schnittmusterbogen).
- Mit Klebstreifen an den vier Ecken befestigt, liegt das Kraftpapier auf eine glatte Unterlage gespannt.
- Auf einem alten Teller wird nun die Farbe mit Wasser cremig angerührt.
- Für das Schablonieren, so heisst diese Technik, Borstenpinsel verwenden. Diese Pinsel sind aus harten gleich langen Borsten gemacht. Wenig Farbe auf den Pinsel nehmen.
  Das ausgeschnittene Sujet, die Schablone, auf das gespannte Packpapier legen. Mit dem Pinsel senkrecht zum Papier das Motiv ausstupfen.
- Die ausgeschnittenen Positiv-Formen können auch verwendet werden, um ein Milchstrassen-Motiv zu bilden: Den ausgeschnittenen Stern mit einem Finger festhalten. Die andere Hand führt nun einen Flachborstenpinsel mit Farbe über die Sternenkontur. Stern neben Stern ergeben dann ganze Sternennebel.
- Schneeflockenpapiere sind besonders beliebt bei kleineren Kindern: Da darf der Rundborstenpinsel mit Weiss und Silber stupfend über das Papier tanzen.
- Für ganz Eilige leisten auch einmal Silberfilzstifte gute Dienste: Die ausgeschnittenen Motive werden damit strichartig ausgefüllt.

Mandeln, Sultaninen, Honig und Mehl . . .

Eine Legende berichtet: Nach der frohen Weihnachtsbotschaft der Engel machten sich die Hirten sogleich auf den Weg nach Bethlehem. In ihrer Eile vergassen sie ihre kurz zuvor in den Ofen geschobenen Brotfladen. Erst auf dem Weg erinnerten sie sich daran. Umkehren? – Nein, das wollten sie nicht. Lieber verbrannte Brote, als zu spät zur Krippe zu kommen! Nachdem sie das Kind gefunden und es angebetet hatten, machten sie sich auf den Heimweg. Allen Bekannten mussten sie von der frohen Botschaft erzählen, vom Glück, das Jesuskind gefunden zu haben. Als sie, zu Hause angelangt, die Ofentüre öffneten, meinten sie völlig verkohlte Brote vorzufinden. Doch, was war geschehen? Ein unbekannter, wundersamer Duft strömte ihnen entgegen. Zwar sah das Gebäck dunkel, beinah verbrannt aus. Innen aber schmeckten die Fladen herrlich aromatisch. Alle mussten davon probieren. Die vorhandene Menge schien nicht zu reichen – Stück um Stück brachen sie ab und verschenkten endlos . . .

Aus dieser Legende soll unser Weihnachtsgebäck entsprungen sein – ein guter Grund, es zu verschenken . . .

Ein festlich süsses Geschenk

Kinder werden mit glühendem Eifer mit dabei sein, eine essbare Stadt aus Anisteig herzustellen. Die Häuser sehen aus wie frisch verschneit. In einer passenden Blechdose verpackt, kann sie der glückliche Empfänger immer wieder betrachten, bis er sie dann genüsslich verzehrt.

Herbst

Anisgebäck

- 4–5 Eier
- 500 g Puderzucker
- 1 Prise Salz
- 1 Esslöffel Kirsch
- 1 gehäufter Esslöffel Anis (Körner)
- 500 g Mehl

Die Eier schaumig schlagen und nach und nach den gesiebten Puderzucker beigeben. Mindestens 5 Minuten lang mit dem Rührwerk rühren. Salz, Kirsch und Anis hinzugeben und mit dem Mehl die Masse leicht zusammenkneten. Den Teig eine gute Stunde ruhen lassen, am besten zugedeckt in einer Schüssel. Dann den Teig auf bemehlter Unterlage etwa 1 cm dick auswallen. Mit einem spitzen Küchenmesser Häuser ausschneiden und mit den abgebildeten Utensilien Vertiefungen eindrücken, Fenster, Türen, Dachpartien zum Beispiel mit einem Schraubengewinde. Bei Zimmertemperatur über Nacht auf dem Backblech trocknen lassen. Im unteren Drittel des vorgeheizten Backofens bei 150 Grad etwa 20 Minuten bei nicht ganz geschlossener Ofentüre backen – so bleibt das Anisgebäck schön weich.

WINTER

Die längste Nacht des Jahres, jene vom
21. zum 22. Dezember, macht den Auftakt
zum Mittwinter. Diese Zeit, in der im ländli-
chen Leben die Feldarbeit ruhte, bot seit
jeher genügend Raum für Besinnung und
Festlichkeit. In diese lichtärmsten Tage des
Jahres, in denen schon in vorchristlichen
Zeiten Feste zur Stärkung der Natur und der
Vegetationskräfte gefeiert wurden, fällt das
Weihnachtsfest.

Weihnachten feiern

Geschichtlich betrachtet, beeinflussen drei Kulturschichten die gegenwärtigen Brauchelemente des Weihnachtsfestes: das vorchristliche Mittwinterfest der Wintersonnenwende, das christliche Fest mit der Geburt des Erlösers Christi und das moderne nichtkirchliche Fest der bürgerlichen Familie, die sich in winterlicher Häuslichkeit bei gutem Essen und mit Geschenken trifft. Bräuche haben ihre Dauerhaftigkeit immer dem volkstümlichen Traditionalismus zu verdanken. Für jede Kulturepoche stellt sich daher die Aufgabe, alte Formen mit neuem sinnvollem Gehalt zu füllen.

Der Weihnachtsbaum

In alter Zeit war der immergrüne Zweig und Baum ein Symbol für Leben, Fruchtbarkeit und Wachstum. Zur dunklen Mittwinterzeit befestigten die Bauern im Mittelalter an ihren Hofbrunnen immergrüne Zweige. Damit hoffte man von diesem lebenswichtigen Ort böse Geister fernzuhalten. Im Hause brachte man Zweige über Türen und an den Zimmerdecken an. In finstern Ecken vermutete Schadgeister hielt man sich so vom Leibe. Johann Peter Hebel erwähnt in einem seiner «Alemannischen Gedichte» die noch heute in Süddeutschland und Österreich bekannten «hängenden Bäumchen». Mit rotbackigen Äpfeln und allerlei Backwerk wurden sie geschmückt. Damit wollte man die guten Hausgeister anlocken und verköstigen. Während die immergrünen Zweige unserer Vorfahren einen Abwehrzauber bewirken sollten, gehört unser heutiger Weihnachtsbaum – trotz gewisser Parallelen – einem ganz anderen Traditionsstrang an. Der Weihnachtsbaum ist der Baum der Hoffnung, der grüne Adventszweig am Kranz ein Vorläufer. Das immergrüne Nadelkleid, die zum Himmel weisende Baumspitze, bekräftigen die hoffnungsvolle Botschaft: Für die Christenheit wurde nach dem verlorengegangenen Paradies mit den Geschenken in der Krippe und am Kreuz die Erlösung wahr.

Aus dem Jahre 1605 stammt folgender Bericht: «Auff Weihnachten richtet man Dannenbäume zu Strasburg in den Stuben auff; daran henket man Rosen, aus vielfarbigem Papier geschnitten, Äpfel, Oblaten, Zischgolt, Zucker...» Durch die adeligen Höfe und die städtische Oberschicht verbreitete sich der Lichterbaum allmählich. Im 18. Jahrhundert machte die Stechpalme der Fichte ihre Verwendung als Weihnachtsbaum streitig; in Holland und England werden Mistel- und Stechpalmenbüschel über die Hauseingänge gehängt. Im 19. Jahrhundert wird die Fichte zum volkstümlichen Weihnachts-, Christ- oder Tannenbaum.

Weihnachtsbaumschmuck

Paradiesbaum – Weihnachtsbaum? Man übertrug auf den Weihnachtsbaum das alte Bild des Paradiesbaumes, auch wenn die Bibel mit keinem Wort den Baum der Erkenntnis als Baum mit Äpfeln beschreibt.

Rote Äpfel, rote Kerzen – Rot ist eine starke Symbolfarbe, in der Eucharistie wird sie mit dem Wein, Christi Blut, als Zeichen der Unsterblichkeit aufgenommen. Rot steht auch für das Feuer, das innere Feuer, für die Liebe, die Fruchtbarkeit. Ergänzend bringen

blonde Ährenrispen vom gepflückten Erntestrauss, mit duftendem Sternanis zu Sträusschen gebunden, sommerliche Wärme und Erinnerung ins dunkle Tannengrün.

Sterne, Herzformen, Paradiesvögel, Schäfchen und klingende Glöckchen, aus Tonerde geformt, roh gebrannt, dann auf einen feinen Kupfer- oder Silberdraht aufgezogen, brauchen zum Selbermachen viel Zeit. Der hausgemachte Baumschmuck könnte aber von Jahr zu Jahr erweitert werden...

Recycling-Schmuck

Nicht mit «Zischgolt», wie am elsässischen Weihnachtsbaum, dafür aus «Dosen-Silber» kann der Tannenbaum, im glitzernden Sternen- oder Herzkleid geschmückt, die Weihnachtsstube verzaubern.

Mit Blechschere, Stechbeitel, feiner Flachzange, etwas Silberdraht und einer Badewannen-Kugelkette oder ähnlichem entsteht dieser Baumschmuck in kürzester Zeit. Herz- und Sternformen (siehe Schnittmusterbogen) werden auf die flach aufgeschnittenen Büchsenwandungen aufgezeichnet und mit der Blechschere ausgeschnitten. Mit dem Stechbeitel wird auf einer harten Unterlage (Holzbrett) das Aufhängelöchlein gestochen. Ein kurzes Stück Silberdraht verbindet das Kugelkettchen mit der ausgeschnittenen Form. Die Kette hält ohne Schlaufe, zwischen die Tannennadeln geklemmt, am Ast fest. Mit etwas mehr Zeitaufwand können glatte, nicht gerillte Blechwandungen mit Stechbeitellöchlein verziert werden.

Weihnachtspflanzen

Die **Stechpalme** symbolisiert mit ihren stachligen Blättern und den roten Beeren die mit Blutstropfen besetzte Dornenkrone Christi. Rot und Grün sind alte traditionelle Farben der Weihnachtszeit – das Rot erinnert an das vergossene Blut Christi, das Grün ist Zeichen der Treue Christi zu uns.

Die **Mistel** galt schon 300 Jahre vor Christus bei den Druiden als heilig. Während der winterlichen Sonnwendfeiern schritten die Druiden am sechsten Tag nach Neumond weiss gewandet feierlich zu den heiligen Eichen, auf welchen Misteln wuchsen. Der Würdigste unter ihnen bestieg, ausgerüstet mit einer goldenen Sichel, den Baum bis zur Krone. Dort schnitt er die Mistelzweige ab und liess sie auf ein ausgebreitetes Tuch fallen. Die Zweige durften den Erdboden nicht berühren. Nach der Opferung eines Stieres wurden dann die Zweige als Friedenssymbol in den Häusern aufgehängt. Mit ihrer immergrünen Kraft sollten sie auch alle bösen Geister abwehren. Wegen des unverkennbar «heidnischen Grüns» schmücken Misteln an Weihnachten nie kirchliche Räume; sie dürfen Hauseingänge zieren, und wer sich unter ihnen begegnet, kann sich friedvoll umarmen – und küssen.

Die **Christrose**, auch Schneerose genannt, erinnert an das alte Lied «Es ist ein Ros' entsprungen aus einer Wurzel zart...» Mitten in der dunkelsten Winterzeit einer unerlösten Welt erblüht sie als Sinnbild der Geburt Christi. In ländlichen Gegenden benützt man 12 Christrosenknospen als Orakel: jede Blütenknospe steht für einen Monat. Nach der Art und Weise, wie sich die Knospen öffnen, soll das Wetter im

kommenden Jahr werden; offene Blüten deuten auf gutes Wetter...

Die **Rose von Jericho**, ein gekrauster, eingerollter trockener Pflanzenknäuel, wird, ins Wasser gelegt, innert kürzester Zeit zu einer sternförmigen Blume! Von heftigen Sandstürmen getrieben, rollt die spröd ausgetrocknete Pflanzenkugel über weite Strecken in der Wüste. Bei geringer Befeuchtung, schon wenig Regen genügt, beginnt sie ihre dürren Blätter auszubreiten. Die braune Farbe verwandelt sich in ein sattes Grün. Eine Legende weiss zu berichten, dass Maria auf der Flucht nach Ägypten eine ihr vor die Füsse gerollte Rose gesegnet, ihr ewiges Leben versprochen habe – sie wird deshalb auch Marienrose genannt.

Zur Zeit des Mittelalters verehrten Christen die Jerichorose ganz besonders. Sie sprachen ihr aufgrund der Art, wie sich die Pflanze unter dem Einfluss des Himmelswassers öffnete, eine heilsame Wirkung für ein schmerzfreies Gebären zu. In katholischen Gegenden gab es den Brauch, vor einer offenen Pflanze im Gebet zu verharren. Das Wunder des Erblühens der Jerichorose wird zum Sinnbild der erfüllten Hoffnung.

Weihnachtsvorbereitungen einst

Rückblickend beschreibt Peter Rosegger, wie er den Heiligen Abend in seiner Kindheit erlebte: «...Dann ward es Abend. Die Gesindleute waren noch in den Ställen beschäftigt oder in den Kammern, wo sie sich nach der Sitte des Heiligen Abends die Köpfe wuschen und ihr Festgewand herrichteten. Die Mutter in der Küche buk Christtagskrapfen, und der Vater mit dem kleinen Nickerl besegnete den Hof. Hatte nämlich der Vater in einem Gefäss glühende Kohlen, hatte auf dieselben Weihrauch gestreut und ging damit durch alle Räume des Hofes, durch Stallungen, Scheunen und Vorratskammern, in alle Stuben und Kammern des Hauses endlich, um sie zu beräuchern und dabei schweigend zu beten. Es sollten böse Geister vertrieben und gute ins Haus gesegnet werden.

Dieweilen bereitete ich in der grossen Stube den Christbaum. Das Bäumchen, das im Scheite stak, stellte ich auf den Tisch. Dann schnitt ich vom Wachsstock zehn oder zwölf Kerzchen und klebte sie an die Ästlein. Unterhalb, am Fusse des Bäumchens, legte ich den Wecken hin.

Da hörte ich über der Stube auf dem Dachboden auch schon Tritte – langsame und trippelnde. Sie waren schon da und segneten den Bodenraum. Bald würden sie in der Stube sein, mit der wir den Rauchgang zu beschliessen pflegten. Ich zündete die Kerzen an und versteckte mich hinter dem Ofen. Noch war es still. Ich betrachtete vom Versteck aus das lichte Wunder, wie in dieser Stube nie ein ähnliches gesehen worden. Die Lichtlein auf dem Baum brannten so still und feierlich – als schwiegen sie mir himmlische Geheimnisse zu. Endlich hörte ich an der Schwelle des Vaters Schuhglöckeln. Die Tür ging auf, sie traten herein mit ihren Weihgefässen und standen still. ‹Was ist das?› sagte der Vater mit leiser, langgezogener Stimme. Der Kleine starrte sprachlos drein. In seinen grossen, runden Augen spiegelten sich wie Sternlein die Christbaumlichter. – Der Vater schritt langsam zur Küchentür und flüsterte hinaus: ‹Mutter! – Mutter! Komm ein wenig herein.› Und als sie da war: ‹Mutter, hast du das gemacht?›

‹Maria und Joseph!› hauchte die Mutter. ‹Was lauter habens denn da auf den Tisch getan?›

Bald kamen die Knechte und Mägde herbei, hell erschrocken über die seltsame Erscheinung. Da vermutete einer, ein Junge, der aus dem Tal war: Es könnte ein Christbaum sein. Sollte es denn wirklich wahr sein, dass Engel solche Bäumlein vom Himmel bringen? – Sie schauten und staunten. Und aus des Vaters Gefäss qualmte der Weihrauch und erfüllte schon die ganze Stube, so dass es war wie ein zarter Schleier, der sich über das brennende Bäumchen legte.»

Gute und böse Geister

In der Zeit zwischen dem 25. Dezember und dem 6. Januar werden gemäss altem Volksglauben ruhelose Geister und wiederkehrende Seelen erwartet. Gute Geister wurden bewirtet, böse mit Lärmen, Schiessen, Stampfen und Klopfen vertrieben. In ländlichen Gegenden sind Lärmumzüge mit furchterregend verkleideten jungen Männern auch heute noch Brauch.

Auch das Besprengen mit Weihwasser und Ausräuchern mit Wacholder oder Weihrauch galt als bewährtes Mittel, um Geister zu verscheuchen. Ein einprägsames Beispiel ist das von Peter Rosegger oben beschriebene «Ausräuchern» in der Christnacht. Aus diesem Grund nennt man die 12 Nächte vom Weihnachtstag bis zum Dreikönigstag die Rauh- oder Rauchnächte.

bedeuten muss. Mit einer innigen, schlichten Blockflöten-, Geigen-, vielleicht Klavier- oder Gitarrenbegleitung gesungen, klingen die Lieder tausendmal schöner als von noch so einer perfekten Schallplattenaufnahme. Sinnvoll wird das Singen zudem, wenn es sich chronologisch, dem Ereignis entsprechend, in den Ablauf der festlichen Zeit einfügt. (Zu vielen Liedern bieten Musikverlage einfache und umfangreichere Notensätze an.)

Bei den Weihnachtsliedern gibt es bestimmte Gruppen: es sind dies die allgemeinen Lieder, auch neueren Datums, die alten Gesänge des Kindelwiegens, Hirtengesänge, Dreikönigsweisen und Quempaslieder, ein kirchlicher Wechselgesang aus dem 15. Jahrhundert. Je nach Land gehören weitere musikalische Brauchelemente dazu: Im Norden tanzt man beispielsweise singend um den Weihnachtsbaum, in Italien blasen und begleiten Dudelsackmusiker die alten Lieder, die bei der Krippe gesungen werden.

Der Volksmund sagt wohl richtig: «Wo man singt, da lass dich ruhig nieder, böse Menschen haben keine Lieder.»

Vom Weihnachtssingen

Ohne Musik und Lied ist Weihnachten kaum denkbar. Aus den Kindertagen bekannte Melodien leben im Gedächtnis auf, was aber keine süsslich sentimentale Stimmung

Was soll das bedeuten

Melodie und Text: Volkstümlich aus Schlesien

1. Was soll das be - deu - ten, es— ta - get ja schon?
   Ich weiß wohl, es— geht erst um Mit - ter - nacht rum. Schaut nur da - her!

Schaut nur da - her! Wie glän - zen die— Stern - lein je— län - ger, je mehr.

Satz: W. Gohl

2. Treibt zusammen, die Schäflein fürbaß,
treibt zusammen, treibt zusammen, dort zeig ich euch was.
Dort in dem Stall, dort in dem Stall
werd't Wunderding sehen, treibt zusammen einmal.

3. Ich hab nur ein wenig von weitem geguckt,
da hat mir mein Herz schon vor Freuden gehupft:
ein schönes Kind, ein schönes Kind
liegt dort in der Krippe bei Esel und Rind.

Inmitten der Nacht

Volkstümlich

1. In - mit - ten der Nacht, als Hir - ten er - wacht! In Lüf - ten tut sprin - gen, das

Glo - ri - a— sin - gen, ein' eng - li - sche Schar, ja, ja,— ge - bo - ren Gott war.

Satz: W. Gohl

2. Die Hirten im Feld
verlassen ihr Zelt.
Vor Rennen und Laufen
mag keiner mehr g'schnaufen,
der Hirt und der Bub
dem Krippelein zu.

3. Ach, daß es Gott walt'!
Wie ist es so kalt!
's möcht einer erfrieren,
sein Leben verlieren,
wie kalt geht der Wind!
Mich dauert das Kind.

4. Ach, Gott es erbarm'!
Die Mutter so arm,
sie hat ja kein Pfännlein,
zu kochen dem Kindlein,
kein Mehl und kein Schmalz,
kein Milch und kein Salz.

5. Komm, Bruder, heraus,
wir wollen nach Haus.
Kommt alle, wir wollen
dem Kindlein was holen,
kommt einer hieher,
so komm er nicht leer!

Winter

Lobt Gott, ihr Christen, allzugleich

Melodie und Text: Nikolaus Herman (1560)

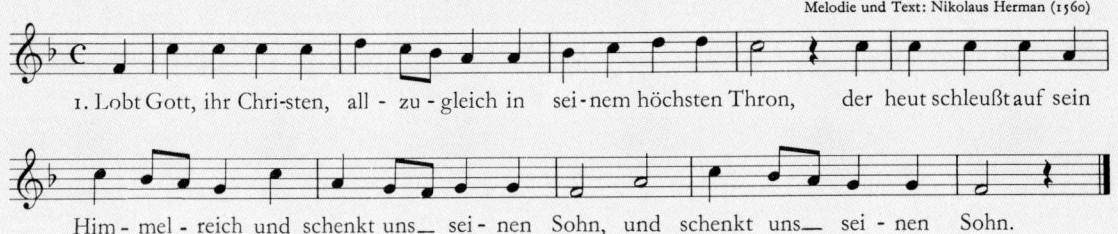

1. Lobt Gott, ihr Chri-sten, all - zu - gleich in sei-nem höchsten Thron, der heut schleußt auf sein Him - mel - reich und schenkt uns__ sei - nen Sohn, und schenkt uns__ sei - nen Sohn.

2. Er kommt aus seines Vaters Schoß
und wird ein Kindlein klein,
er liegt dort elend, nackt und bloß
in einem Krippelein.

3. Heut schleußt er wieder auf die Tür
zum schönen Paradeis,
der Cherub steht nicht mehr dafür;
Gott sei Lob, Ehr und Preis.

Kommet, ihr Hirten

Volkslied aus Böhmen

Flöte

Melodie

1. Kom - met, ihr Hir - ten, ihr Män - ner und Frau'n.
Kom - met, das lieb - li - che Kind-lein zu schaun.
Chri-stus, der Herr, ist

heu - te ge - bo - ren, den Gott zum Hei-land euch hat er - ko - ren. Fürch - tet__ euch nicht!

Satz: W. Gohl

2. Lasset uns sehen in Bethlehems Stall,
was uns verheißen der himmlische Schall;
was wir dort finden, lasset uns künden,
lasset uns preisen in frommen Weisen:
Halleluja!

3. Wahrlich, die Engel verkündigen heut'
Bethlehems Hirtenvolk gar große Freud':
Nun soll es werden Friede auf Erden,
den Menschen allen ein Wohlgefallen.
Ehre sei Gott.

Winter

Alle Jahre wieder

Volkstümlich

1. Al - le Jah - re wie - der kommt das Chri - stus - kind
auf die Er - de nie - - der, wo wir Men - schen sind.

Satz: C. Schmölders

2. Kehrt mit seinem Segen ein in jedes Haus,
geht auf allen Wegen mit uns ein und aus.

3. Ist auch mir zur Seite still und unerkannt,
daß es treu mich leite an der lieben Hand.

Es kommt ein Schiff, geladen

Melodie: Andernacher Gesangbuch (1608)
Text: Daniel Sudermann (1626)

1. Es kommt ein Schiff, ge - la - - den bis an sein höch - sten
Bord, trägt Got - tes Sohn voll Gna - - den, des Va - ters e - wigs Wort.

2. Das Schiff geht still im Triebe,
es trägt ein teure Last,
das Segel ist die Liebe,
der Heilig Geist der Mast.

3. Zu Bethlehem geboren
im Stall ein Kindelein,
gibt sich für uns verloren;
gelobet muß es sein.

Winter

Silvester

Seit jeher werden zum Jahresende gute Wünsche ausgetauscht. Wer aber den letzten Tag im Jahr verschläft und zu spät am Frühstückstisch erscheint, wird tüchtig ausgelacht und mit «Silvester, Silvester» betitelt. Der Brauch will, dass der Langschläfer am Abend, beim Feiern, etwas zum besten geben muss. Vielleicht liegt – so war es in unserer Familie Tradition – zum Silvester ein Batzen unter dem Teller. Er soll der Geldbörse Glück bringen und dafür sorgen, dass das Geld im kommenden Jahr nie versiegt. Es kann sein, dass dieser Brauch an einen ganz alten anknüpft: Einen guten Rest der Silvesterspeise musste man bis zum Neujahrstag übriglassen. Dies bot die Gewähr für einen immerwährend reichlich gedeckten Tisch.

In früheren Zeiten fand das Silvesteressen am Abend immer im Kreise der Familie statt. Man betrachtete den Menschen «zwischen den Jahren» als besonders gefährdet. Im Kreise der Angehörigen war der einzelne geschützt. Zudem bestand der feste Glaube, dass der magisch geschlossene Kreis Dämonen ausschliesse.

Mit **Bleigiessen** versucht man in der Silvesternacht die Zukunft zu deuten. An manchen Orten tut es auch flüssiges Wachs. Es wird, wie das Blei, in ein mit kaltem Wasser gefülltes Becken gegossen, wobei das Material erstarrt. Bei einer Kerzenflamme mit einem davorgehaltenen Papier kann die bizarre Form als Schattenbild gedeutet werden.

Für das **Orakellesen** braucht es eine grosse Wasserschale und eine Schwimmkerze. Auf dem Schüsselrand kleben eingerollte Orakelbriefchen mit phantasievollem Textinhalt, den sogenannten Zukunftswünschen. Das Kerzenlicht der Zukunft wird der Reihe nach behutsam im Kreis herumgeblasen – das Flämmlein darf nicht auslöschen, das brächte Unglück. Dort, wo die Kerze am Schüsselrand anstösst, darf das Orakel geöffnet und gelesen werden.

Die magischen Stunden bis Mitternacht werden durch eine Feuerzangenbowle glänzend bereichert.

Feuerzangenbowle

Für 8–10 Personen

3 Liter Rotwein werden mit den dünnen, in Streifen geschnittenen Schalen einer Orange und einer Zitrone, dem ausgepressten Fruchtsaft, einer Zimtstange und Gewürznelken erwärmt. Das Getränk darf nicht kochen, muss aber eine längere Zeit warm ziehen. Dann die Schalen entfernen. Einen Zuckerhut über der Bowle plazieren und die Zuckerspitze oben mit Rum beträufeln, dann anzünden. Der Zucker beginnt zu schmelzen und tropft in die Bowle. Bis der Alkohol verbrannt ist, tanzen kleine blaue Flämmchen auf der Oberfläche. Besonders geheimnisvoll wirkt das ganze Spiel, wenn alle Lichter gelöscht sind und nur der brennende Zuckerhut den Raum erhellt.

Dazu schmeckt ein Nuss-Frucht-Brot (Seite 104) ausgezeichnet.

- 300 g Nüsse (Haselnüsse, Mandeln, Baumnüsse, gemischt), grob gehackt
- 150 g Rohrzucker
- 150 g Vollkornmehl
- 150 g Rosinen
- 150 g gedörrte Aprikosen
- 150 g Feigen oder gedörrte Zwetschgen
- 3 Eier

Alle Zutaten zu einem Teig kneten, Brotlaibe formen und bei 230 Grad in der Mitte des Backofens etwa 30 Minuten lang backen.

Übrigens haben getrocknete Früchte aus der Ernte des vergangenen Jahres als Zusatz zu Weihnachtsgebäck eine lange Tradition: Sie erinnern an den grossen Zusammenhang, den Kreislauf des Lebens und der Fruchtbarkeit und lassen auf eine neue gute Ernte hoffen.

Schulsilvester

Der letzte Schultag wird mancherorts Schulsilvester genannt und mit allerlei Kinderspässen gefeiert. Am frühen Morgen, bereits ab 4 Uhr, strömen Kinderscharen mit Geknatter, Gerassel, Getrommel und Schellen durch die schlafenden Strassen. Alles wird geweckt, Mensch und Tier. Alle müssen es hören und wissen, das alte Schuljahr wird ausgelärmt, in einer Art und Weise, wie es der Schulalltag nicht erlaubt.

6. Januar – Dreikönige

Epiphania Domini, das Fest der Erscheinung des Göttlichen, ist das zweite grosse Fest der Weihnachtszeit. Es ist der Tag der Taufe Christi, welcher aber gleichzeitig mit vorchristlichen Elementen durchdrungen ist. Mit dem 6. Januar gehen die zwölf Rauhnächte zu Ende. In dieser letzten Nacht, jener auf den 6. Januar, können der Sage nach die Tiere sprechen und das Wasser erhält eine besondere Heilkraft. Caspar, Melchior und Balthasar, die Heiligen Drei Könige aus dem Morgenland, treffen nach ihrer langen Reise endlich das Kind im Stall.

Die Gebeine der drei Magier sollen im Jahre 1163 vom Morgenland nach Köln, in den ihnen zu Ehren erbauten Dom umgebettet worden sein. In Klöstern und Kirchen entstanden zur Verehrung der Reliquien und zum Gedenken an das heilsgeschichtliche Geschehen **Dreikönigsspiele**. Im Mittelalter kam, wohl anknüpfend an ältere Neujahrsumzüge, der Brauch des Sternsingens dazu: Einen Stern auf einer Stange vor sich her tragend, beschliessen die Sternsinger mit ihren Dreikönigsliedern die zwölf Rauhnächte und damit auch die Weihnachtszeit.

Bis heute blieben die Namen der drei Magier aus dem Morgenland im Brauchtum lebendig. Zum Segen für Stall und Haus werden die Anfangsbuchstaben ihrer Namen, C + M + B, über die Türen geschrieben.

Der **Dreikönigskuchen** entstand aus der Verschmelzung mit einer anderen alten Tradition: Der Bohnenkuchen war ursprünglich ein kultisches Gebäck, das den Toten auf ihre lange Reise mitgegeben wurde.

Es gibt Gegenden, da versteckt die Mutter eine schwarze und eine weisse Bohne

im Teig. Mit der schwarzen Bohne wird der König gekürt, die weisse Bohne ist für die Königin bestimmt. Beide zusammen stellen einen Hofstaat zusammen – zum Spass aller Anwesenden. Dieser muss ihnen einen ganzen Tag lang den ihnen zugewiesenen Rollen entsprechend «dienen». Heute wird das von Bäckern und Konditoren hergestellte süsse Hefegebäck nur noch mit einer Plastikfigur versehen, ein Plastik-König, der den Finder zum «König» des Tages kürt.

Bohnen- oder Dreikönigskuchen

Zum süssen Hefeteig braucht es:

- 500 g Halbweissmehl
- 20 g Hefe
- 1 dl Milch
- 80 g flüssige Butter
- 2 Eier
- 70 g Zucker
- 1 Teelöffel Salz
- 100 g Halbrahmquark
- 1 getrocknete Bohne
- 1 Eigelb und 2 Esslöffel Milch zum Bestreichen
- Streuselzucker und Mandelsplitter

Das Mehl in eine angewärmte Schüssel geben. Milch erwärmen und die Hefe darin auflösen. In der Mitte der Mehlmenge eine Mulde formen, die Hefemilch

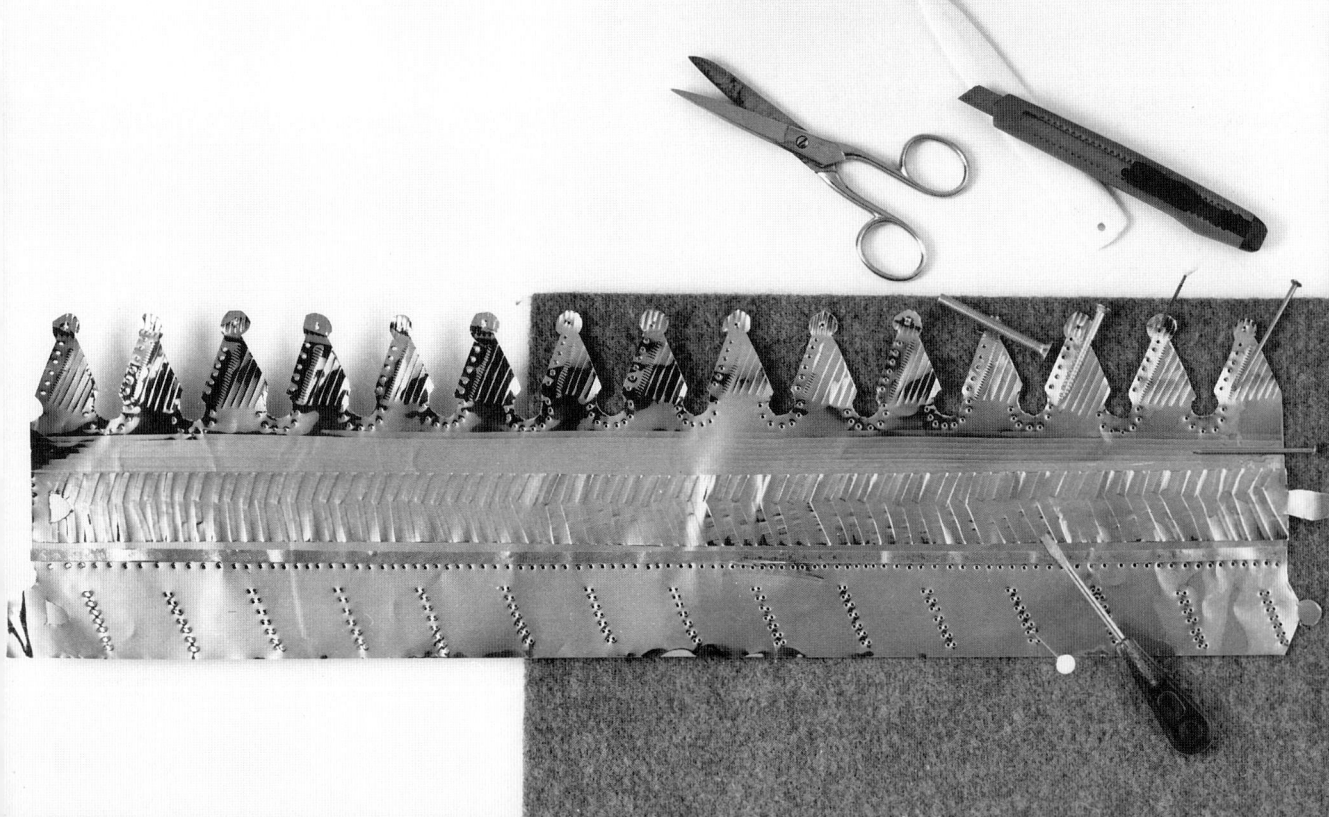

hineingiessen und mit Mehl etwas über-
decken. Die handwarm flüssig erwärmte
Butter darüber verteilen. Eier, Zucker,
Salz, Rahmquark mit dem Schwingbesen
glatt rühren. Alle Zutaten zusammen-
fügen und gut durchkneten, bis ein
geschmeidiger Teig entsteht. An einem
warmen Ort, mit einem feuchten Tuch
bedeckt, den Teig um das Doppelte
aufgehen lassen. Den Teig in Portionen
teilen und auf ein bebuttertes Backblech
legen: Die grösste Teigkugel bildet das
Zentrum des Kuchens. Darum herum
kommen die kleiner geformten Kugeln.
In eine der Kugeln die Bohne stecken!

Etwa 20 Minuten lang den Kuchen kühl
stellen. Danach mit der Eimilch bepinseln,
Mandelsplitter und Streuselzucker
darüberstreuen. Bei 200 Grad im vorgeheizten Ofen 35 Minuten golden backen.

Zur Königskrone braucht es:

- einen Streifen goldener Metallfolie
- Japanmesser und spitze Schere
- Hilfsmittel mit markanten Formen wie
  Nägel, Schrauben, Schraubenzieher usw.,
  um reliefartige Prägungen herzustellen
- Karton und darauf eine Lage Stoff oder
  Filz als Unterlage

Krone (siehe Schnittmusterbogen) in
dem Kopfumfang entsprechender Länge
aufzeichnen, ausschneiden. Die
Verschlussösen genau ausstechen.

Auf der weichen Unterlage Dekorationen eindrücken.

Zum Königszepter braucht es:

- Blumenstab
- einen dicht gewickelten Garnknäuel
- Brokat- oder goldgewirkte Stoffreste
- Klebeband
- diverse Glitzerpapiere, in Streifen
  geschnitten

Den Stab in den Knäuel stecken, den
Brokatstoff darüberlegen, zusammen-
fassen und mit Klebeband am Stab befestigen. Papierbänder übers Kreuz über
die Kugel ordnen und ebenfalls an den
Stab kleben.

Den Stab mit zugeschnittenen Papierstreifen schmücken.

14. Februar –
St. Valentin

Früher nannte man den Valentinstag auch den Vielliebchentag. Seit dem Mittelalter ist er der Festtag der Jugend und der Liebe. An diesem Tag sollen sich in der freien Natur die Vögel ihre Partner suchen, heisst es. Am Valentinstag vergnügten sich die jungen Leute mit amüsanten Orakelspielen: Mädchen glaubten, sie würden den Mann heiraten, der an diesem Tag vor ihrem Haus aufkreuzte; andere schrieben im geheimen die Namen ihrer Verehrer auf Papierschnipsel, steckten diese in etwas Lehm und warfen sie ins Wasser. Jenes Papierchen, das sich zuerst aus dem Lehm löste und aus der Tiefe aufstieg, gab den Namen des Auserwählten preis. Viele begnügten sich auch damit, an die vier Kissenzipfel Lorbeerblätter zu heften, um vom Liebsten zu träumen.

Seit Königin Victorias Zeiten schicken sich Verliebte reich dekorierte Karten mit romantischen Sujets: Rosen, Herzen, Tauben mit Liebesbändern im Schnabel, spitzenverzierte Gedichte und ähnliches mehr. Im Mittelpunkt des Tages stand immer das Herz.

Kuchen und süsses Gebäck wurden in Herzform gebacken und liebevoll verziert. Von der Liebesform inspiriert, könnten auch heute eigenhändig gestaltete Freundschafts- oder Liebesgrüsse geschenkt werden. In den Haushaltsabteilungen grosser Warenhäuser finden sich dazu vielseitig verwendbare Kuchen-, Pudding- und Ausstechformen.

Fastnacht

Aus dem Mittelhochdeutschen vastnaht oder vas(e)naht ist das Wort Fastnacht entstanden. Es ist dies die Zeit bis Aschermittwoch, bevor die 40 Tage lange Fastenzeit beginnt. Eine alte Deutung erklärt das bunte Treiben als reine Freude über den nahenden Frühling, die aus dem Übermut in den Unfug übergekippt sei.

Mit dem Valentinstag beginnt an vielen Orten die Karnevalszeit. Landauf, landab wird das Leben von den verschiedensten alten Fastnachtsbräuchen bestimmt. Ordnungsregeln des Alltags werden aufgehoben, bis Aschermittwoch sagen die Narren die Wahrheit. Vergeblich versuchte die Kirche immer wieder, den Spuk zu verbieten. Mit Umzügen, Feiern, Gelagen, Spielen, Tänzen und Possenreissen vergnügten und vergnügen sich heute noch die Menschen gemeinsam, ob auf dem Dorf oder in der Stadt.

Stil und Themen der **Umzüge** sind eng mit dem lokalen Leben verknüpft. Gesellschaftliche oder politische Ereignisse des vergangenen Jahres werden überzeichnet grotesk dargestellt. Je nach Landesteil zeigt die Fastnacht unterschiedliche Formen: die Basler Fastnacht mit dem Morgenstreich, das Narrengericht, das Hexen- und Narrenlaufen, Reif- oder Schwerttänze, der Kölner Karneval, die Weiberfastnacht am Rhein, Weiberbälle in Bergregionen, um nur einige zu nennen.

Umzüge, die sich auf bäuerliches Brauchtum abstützen, beruhen auf dem alten Glauben, mit Krach und Lärm die schlummernde Saat auf den Äckern wecken zu können.

In diesen Zusammenhang gehört auch die bekannte Figur des «Wilden Mannes» oder der «Wilden Frau». Mit Blättern, Laub Rinde, Moos und Flechten ist sein grünes Gewand geschmückt. Oft trägt er ein grünes Bäumchen. Der «Wilde Mann» stellt den guten Geist dar, der auf den kommenden Lenz mit seinen Wachstumskräften hinweist. Im Mittelalter wurden die «Wilden» als gottlose Wesen betrachtet, die noch nichts vom österlichen Licht wussten. Als Naturwesen stellten sie die noch unerlöste Seite des Lebens dar. Als Nacht-, Sturm- und Winterdämonen erschreckten sie die Zuschauer.

Der erste Fastnachtssonntag heisst in der Schweiz Herrenfastnacht. In vielen Gegenden finden am Fastnachtsmontag oder Rosenmontag die grossen Umzüge statt. Am «Mardi gras», Schnitzdienstag, isst man heute noch in Alpentälern und im Schwarzwald ein Eintopfgericht aus «Schnitz», getrockneten Birnen, und Speck.

Fastnachtsspeisen sind auch heute noch fetthaltige Mahlzeiten. Vieles wird im Fett gebacken oder gebraten. Früher ging man, weil der harte Winter ja bald überstanden war, ohne Gewissensbisse an die letzten Wintervorräte. Ohnehin blieben Eier und Milchprodukte über die strenge und lange Fastenzeit nicht frisch.

Eine weitverbreitete Sitte war das **Verbrennen der Fastnacht** am Aschermittwoch. Eine mit Papierblumen geschmückte Strohpuppe wurde ausserhalb des Dorfes auf dem Feld ins Feuer geworfen. Die Asche streute man über die Äcker. Die Papierblumen wurden in die Erde gesteckt oder zu Haus an den Stallbalken geheftet. Man schrieb den Blumen eine besonders lebensfördernde Kraft zu.

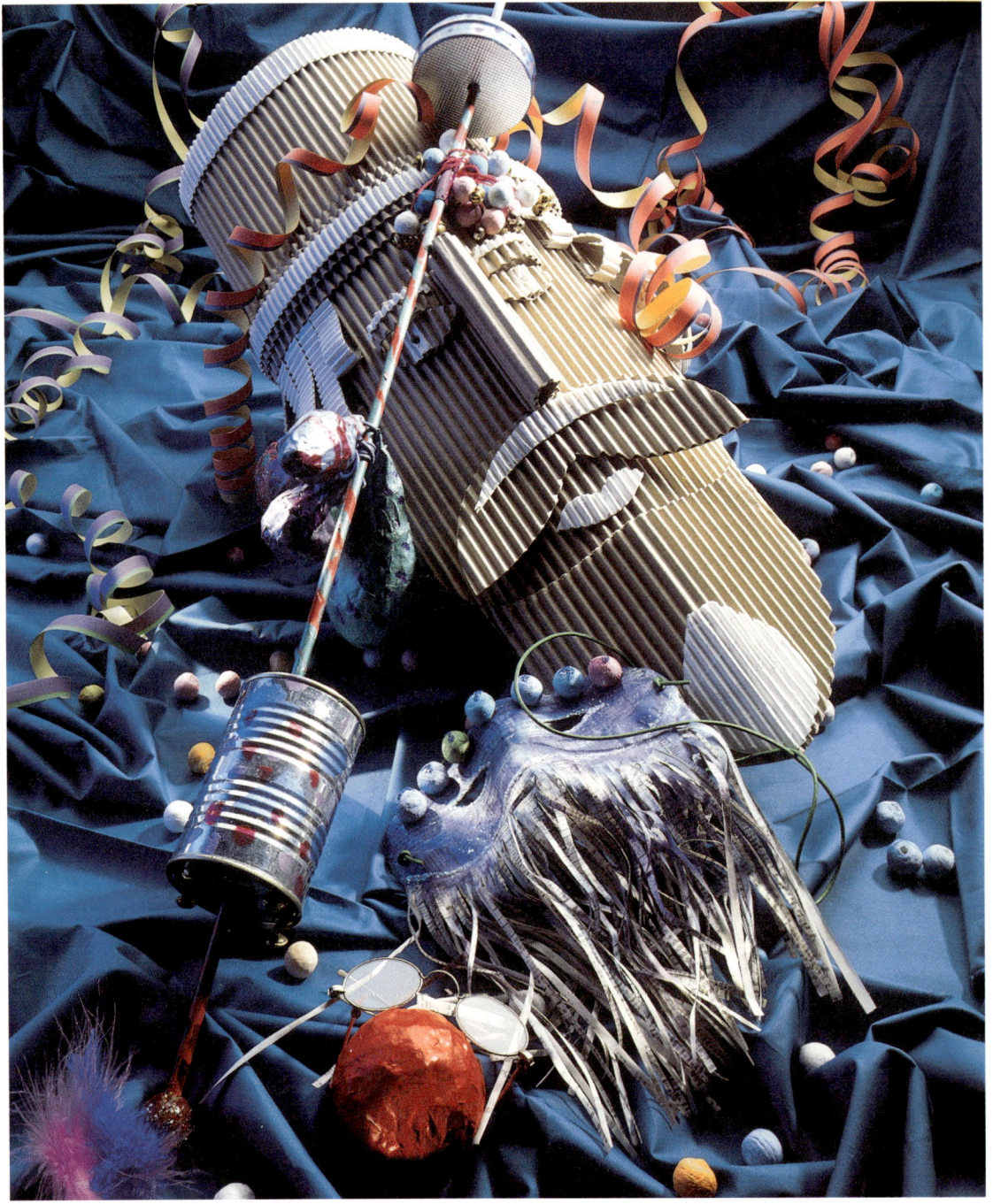

Winter

Am Aschermittwoch beginnt die 40tägige **Fastenzeit.** 40 Tage strömte der Regen der Sintflut, 40 Tage lang fasteten Moses, Elias und Jesus in der Wüste.

Schon zu den vorchristlichen Frühlingsritualen gehörte das Fasten. Im Gedenken an die verstorbenen Seelen lebte man in diesen Tagen in vollkommener Enthaltsamkeit. Als Vorbereitung auf das hohe Osterfest galt das 40 Tage lange Fasten für die Christen. Damit waren Einkehr und Besinnung mit Beten und Almosen an Bedürftige verbunden. Mit ihrer Strenggläubigkeit ersparten sich unsere Vorfahren eine entschlackende Frühjahrskur...

Fastnacht feiern

In eine andere Haut schlüpfen, mit Lust sich unkenntlich machen und verwandelt in den Mummenschanz eintauchen – das liegt vor allem den Kindern und den «alten Fastnächtlern», die dieses besondere Lebensgefühl ohnehin in ihrem Blut tragen.

Bereits am 11.11. um 11 Uhr 11 bricht bei vielen das Narrenfieber aus. In Zürichs Innenstadt treffen sich um diese Zeit die «echt Beseelten». «Guggend», trommelnd, pfeifend tönt es durch Strassen und Gassen. Das Vibrieren lässt für Augenblicke auch Unkostümierte den grauen Winteralltag vergessen. Für die Beteiligten ging aber eine umfangreiche Vorbereitung voraus: Masken, Schmuck, Kopfbedeckung, Haarpracht, Kostüm, Instrumente und Fussbekleidung, alles musste zusammengesucht und wohlüberlegt arrangiert, später beklebt, bemalt, genäht, montiert werden. Zum Fastnachts-Imbiss trifft sich die bunte Schar. Bei selbstge-

backenen Fastnachtsküchlein und einem altenglischen Punsch wärmen sich alle nochmals auf. Nach letzten Retouchen geht es dann gemeinsam für lange Stunden ins Freie...

Fastnachtsküchlein

Für einen Wäschekorb voll knuspriger «Chnüblätz» braucht es etwa 2 Stunden Zeit und folgende Zutaten:

- 6 Eier
- 2 dl Vollrahm
- 700–800 g Mehl
- 1 EL Salz
- 1 Messerspitze Natron
- Öl zum Backen
- Puderzucker

Eier und Rahm schaumig rühren. Das Salz unter das Mehl ziehen und dieses mit dem Eierschaum vermengen. Das Natron in wenig Wasser auflösen und beigeben. Einen zarten, elastischen Teig kneten, der schmiegsam, aber nicht klebrig sein darf. Auf wenig Mehl auswallen. Mit dem Teigrädchen runde oder viereckige Teile ausschneiden. Mit den Händen oder über dem Knie ausziehen. Auf leicht bemehlte Geschirrtücher auslegen und zudecken. Das Öl rauchheiss erhitzen. Die Küchlein hellgolden backen und dann in einem Sieb abtropfen lassen. Erst wenn sie abgekühlt sind, mit Puderzucker überstreuen. In einem mit Pergamentpapier ausgelegten Korb zugedeckt an einen kühlen Ort gestellt, hält sich das Gebäck bis zu 2 Wochen.

Winter

Altenglischer Teepunsch

Für 8–10 Personen
- 200 g Zucker
- 2½ l nicht zu süsser Rotwein
- ½ l starker Schwarztee
- 5 Würfelzucker
- 1 Zitrone, 3 Orangen
- 5 Gewürznelken, 2 Stangen Zimt

Den Zucker honiggelb schmelzen. Unter ständigem Rühren den Wein zugiessen. Den Teeaufguss durch ein Sieb zum Wein geben, weiterrühren, bis sich der Zucker ganz auflöst. Ein Stück Würfelzucker an der Zitrone abreiben, die restlichen an den Orangen. Mit den Nelken und Zimtstangen in die Pfanne geben. Den Saft der Orangen und der Zitrone auspressen und dazumischen. Den Punsch 1–1½ Stunden zugedeckt ziehen lassen – er darf nicht kochen! Wer den Punsch verdünnen möchte, nimmt mehr schwarzen Tee und Orangensaft. Allen Narren ein Prosit!

Fastnachtsmasken

Pappnasen

- Fischkleister, Zeitungspapier, Wasser, Leimpinsel, Gefäss, Schwingbesen (Schneebesen)
- Tennisball, Klarsichtfolie, Schnur
- Becher, Tasse
- rote Plakatfarbe und Klarlackfarbe, Pinsel
- Ledernestel oder Gummifaden
- Ahle
- Brille

Den Kleister am Abend vorher zubereiten: Dazu mit dem Schwingbesen 1 Teil Fischkleister in 6 Teile Wasser einrühren. Zugedeckt an einem kühlen Ort stehen lassen.

Mit der Folie den Tennisball umspannen, abbinden.

Auf einen in der Grösse passenden Becher setzen. Mit leimgetränkten Papierfetzchen bis zum Becherrand den Ball überkleben. Für die folgenden Schichten die «Halbkugel» mit dem Pinsel einleimen und die trockenen Papierfetzchen aufkleben. Mehrere Schichten kleben.

1–2 Tage trocknen lassen. Dann die «Halbkugel» sorgfältig vom Ball lösen. Die Innenseite einen zusätzlichen Tag lang trocknen lassen.

Wenn die Nase gut getrocknet ist, mit Plakatfarbe und anschliessend mit Klarlackfarbe bemalen.

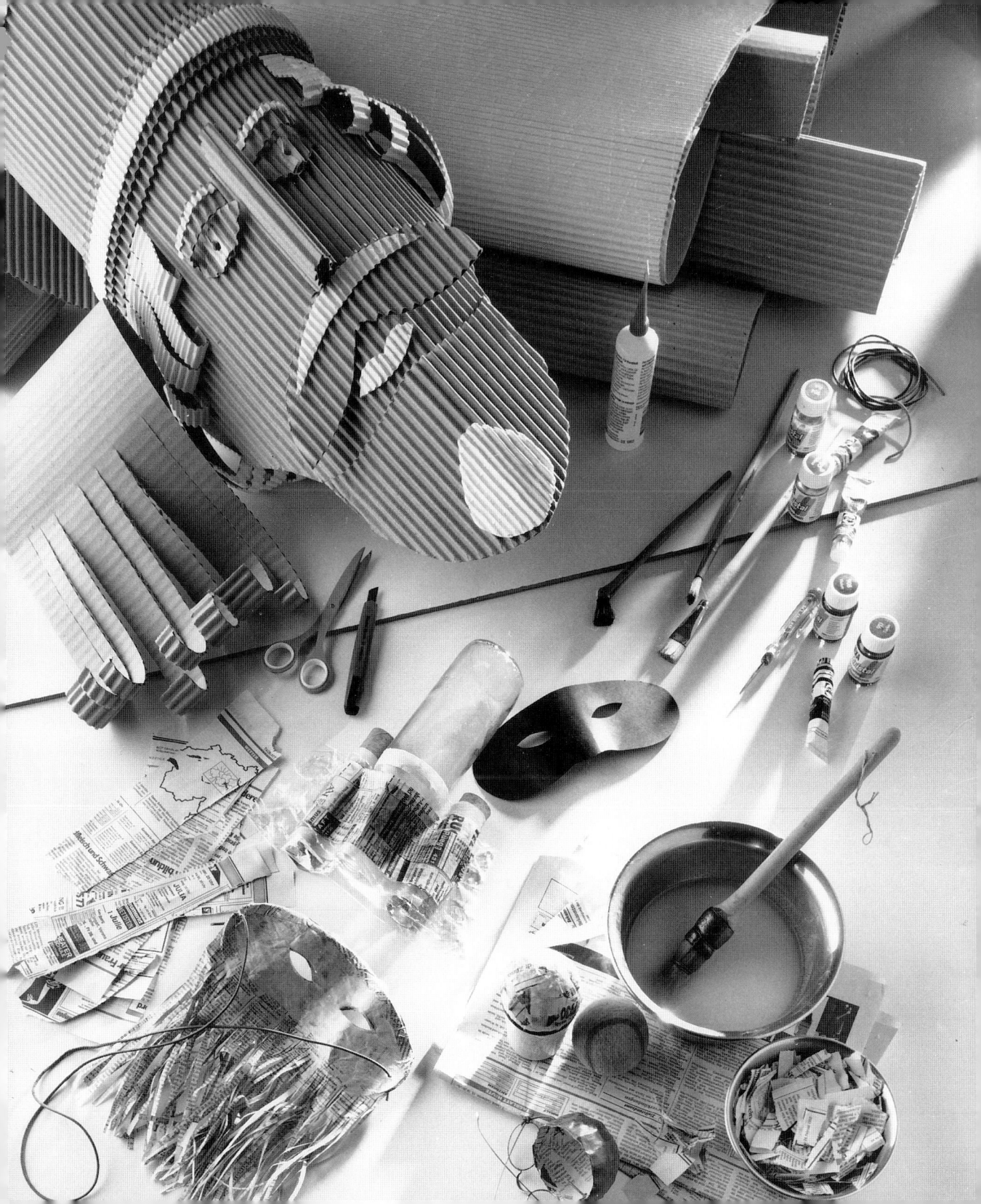

Mit der Ahle links und rechts Löcher einstechen, Ledernestel durchziehen und die Nase an die Brille knüpfen.

Augenmaske

- Fischkleister, Zeitungspapier, Wasser
- Gefäss, Schwingbesen (Schneebesen), Leimpinsel
- Schere, Japanmesser, Ahle
- Ledernestel, weisses Seidenpapier
- leere Mineralwasserflasche, 2 WC-Rollen, Klarsichtfolie
- Klarlackfarben, Glimmer, Weissleim

Als Positivform für die Nase dient der Flaschenhals, für die Wangen die beiden Kartonrollen. Ein Stück Klarsichtfolie von etwa 22 × 10 cm über die Flasche und die beiden Kartonrollen legen. 1–2 cm breite Zeitungspapierstreifen reissen, in den Leim eintauchen, überflüssigen Leim abstreichen und dann aufkleben. Für die folgenden Schichten die Fläche mit dem Pinsel einleimen und trockene Papierstreifen aufkleben.

1–2 Tage trocknen lassen. Die geklebte Fläche ablösen, wenden und die Innenseite trocknen lassen. In diesem Zustand kann die Augenmaske leicht verformt und dem Gesicht angepasst werden.

Die Vorlage für die Augenmaske vom Schnittmusterbogen auf die getrocknete Fläche übertragen, ausschneiden.

Für den Bart ein doppelt gelegtes Stück Zeitungspapier von 20 × 20 cm an den unteren Rand kleben. Mit der Schere in feine Streifen schneiden.

Die Maskeninnenseite mit Seidenpapier sauber auskleben. Die Augenöffnungen mit dem Japanmesser ausschneiden.

Die Maske mit Klarlackfarben bemalen. Mit Weissleim bestreichen und mit Glimmer oder ähnlichem dekorieren.

Für die Ledernestel links und rechts mit der Ahle Löchlein stechen.

Kopfmaske aus Wellpappe

- Wellpappe (Wellkarton), wenn nicht aus altem Verpackungsmaterial vorhanden, im Zeichenbedarf- oder Schreibwarengeschäft erhältlich
- Weissleim, PVC-Klebeband
- Japanmesser, Schere

Passend nach Kopfgrösse das Wellkartonstück an den Längskanten zu einer zylindrischen Grundform zusammenkleben.

Für die Befestigung von Nase, Augenbrauen, Bart usw. mit dem Japanmesser Schlitze in die Wellenvertiefungen schneiden. Die Ränder der durch den Schlitz gezogenen Teile flachdrücken und auf der Innenseite mit einem Stück PVC-Klebeband ankleben.

Andere Teile wie z. B. Schnauz, Mund, Augen auf der Rückseite flächig einleimen und auf den Rillenerhöhungen festkleben. Gut andrücken und trocknen lassen, bevor weitergearbeitet wird.

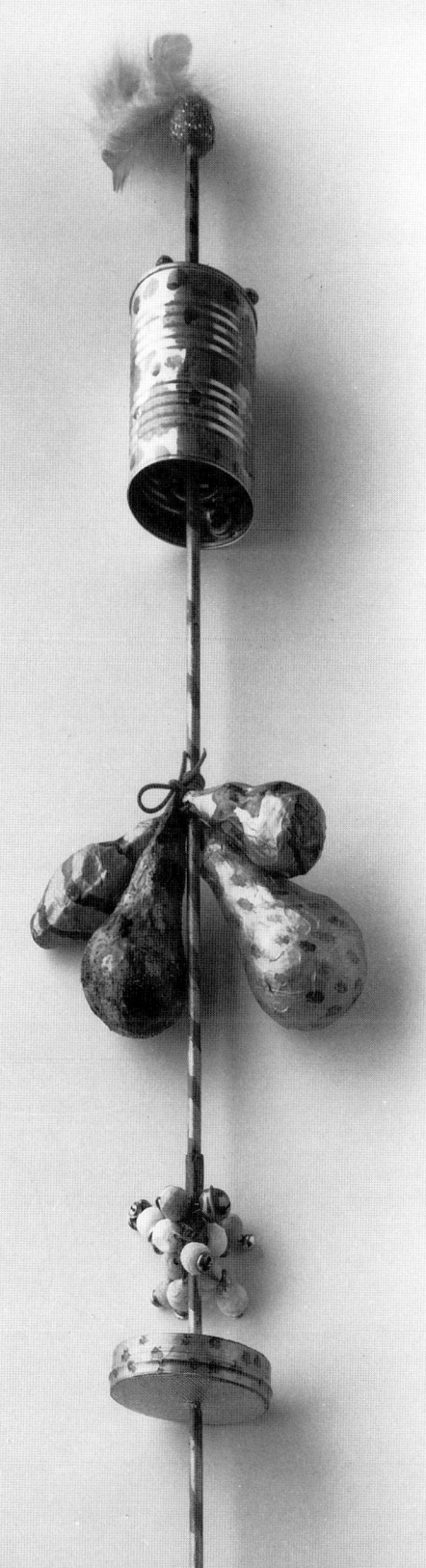

Fastnachts-Stabrassel

Geeignete Behälter:
- leere Blechdosen mit oder ohne Deckel, Kartonrohre, ausgediente Glühbirnen

Rasselgeräusche:
- Vorhangringe, Nägel, alte Knöpfe, Fruchtsteine von Kirschen oder Zwetschgen, Nussschalen, Reiskörner, kleine Kieselsteine, Schellen (in Spielwaren- oder Bastelgeschäften erhältlich)

Halterung:
- Dübelstange, Bambusrohr, Blumenstab
- Isolierband
- fein gezwirnte starke Hanfschnur, Ledernestel

Dekoration:
- Transparentlackfarben
- Fastnachtszubehör wie Papierperlen, Federn usw.

Werkzeug:
- Ahle, Schere, Pinsel, Farbschalen, Weissleim

Offene Rasselbüchse: Mit dem Büchsenöffner den Deckel entfernen. Auf den Boden verteilt, konzentrisch angeordnet, mit der Ahle kleine Löcher stechen. Im Zentrum ein Loch für die Stange anbringen. Knöpfe, Ringe, Nägel an Schnurstücke binden. Die Schnur durch die vorgestochenen Öffnungen ziehen und am anderen Ende jeweils eine kleine Schelle festknüpfen.

Dose mit Deckel: Für die Stange entsprechende Löcher in den Dosendeckel und -boden stechen. Den Behälter z. B. mit Kirschensteinen füllen

Winter

und mit dem Deckel schliessen. Diesen mit Isolierband festkleben.

Glühbirnenrassel: Die Glühbirnen werden auf dieselbe Art wie die Pappnase Seite 114 mit Fischleister überklebt. Als Formträger nimmt man eine ausgediente Glühbirne. Eine 2 mm dicke Papierfetzchenschicht auftragen. Gut trocknen lassen. Dann auf den Boden werfen oder mit einem Hammerstiel darauf klopfen, bis das Glas zerbricht. Die Splitter rasseln nun im Innern der Papierform.

Die Rasseln bemalen und dekorieren. Dann an den Stab stecken oder binden.

Tip: Damit die Behälter am Stab nicht nach unten rutschen, wird unterhalb der Dose oder Büchse eine dickere Schicht Isolierband um den Stab gewickelt.

Verzeichnis der Anleitungen und Rezepte

Quellennachweis

Seite 13: Das Schneeglöckchenfest, zitiert nach: Am Waldrand hupfen die Hasen, Reime und Gedichte von Heinz Ritter, J. Ch. Mellinger Verlag, Stuttgart

Seite 55: Einkehr von Ludwig Uhland, zitiert nach: Deutsche Lyriker vom 16. Jahrhundert bis zum Beginn des 20. Jahrhunderts, Orell Füssli, Zürich

Seite 56: Herr von Ribbeck auf Ribbeck im Havelland von Theodor Fontane, zitiert nach: Deutsche Gedichte von den Anfängen bis zur Gegenwart, August Bagel Verlag, Düsseldorf

Seite 79 sowie 99 bis 101 aus: Das grosse Liederbuch, Diogenes, Zürich

Seite 82: Samichlaus-Sprüche, zitiert nach: «Am Brünneli», Schweizer Kinderreime, Sauerländer, Aarau

Seite 97: Weihnachtstext von Peter Rosegger sowie Seite 83: Sankt-Nikolaus-Sprüche, zitiert nach: Krippe und Stern, hg. v. Gert Lindner, Gütersloher Verlagshaus Gerd Mohn, Gütersloh

© 1992
AT Verlag Aarau/Schweiz
Fotos: Atelier König & König, Zürich
Satz, Lithos und Druck: Grafische Betriebe Aargauer Tagblatt AG, Aarau
Bindearbeiten: Buchbinderei Schumacher AG, Schmitten
Printed in Switzerland

ISBN 3–85502–452–9